너는 꿈을 어떻게 이룰래? 5

창의 사고

리앙즈웬 지음 | 이종순 옮김

한언

너는 꿈을 어떻게 이룰래? 5

창의 사고

펴 냄	2006년 10월 15일 1판 1쇄 박음 | 2006년 10월 20일 1판 1쇄 펴냄
지은이	리앙즈웬(梁志援)
옮긴이	이종순
펴낸이	김철종
펴낸곳	(주)한언
	등록번호 제1-128호 / 등록일자 1983. 9. 30
주 소	서울시 마포구 신수동 63-14 구 프라자 6층(우 121-854)
	TEL. 02-701-6616(대) / FAX. 02-701-4449
책임편집	김승규 sgkim@haneon.com
디자인	차귀령 krcha@haneon.com
일러스트	김신애 sakim@haneon.com
홈페이지	www.haneon.com
e-mail	haneon@haneon.com

이 책의 무단전재 및 복제를 금합니다.
잘못 만들어진 책은 구입하신 서점에서 바꾸어 드립니다.

ISBN 89-5596-373-4 44320
ISBN 89-5596-329-7 44320(세트)

창의 사고

꿈꾸는 아이들에게는
지식을 선물할 것이 아니라
지혜를 선물해야 합니다.

To

From

어린이들에게 지혜의 문을 열어주자

이 책은 왜 출간되었는가?

오늘날처럼 급변하는 시대에 전통적인 교육 시스템은 새로운 욕구를 만족시키지 못하는 경우가 많다. 일상생활에서 반드시 필요한 목표설정, 문제해결, 시간관리, 돈관리 등은 전통적인 교육방식으로는 배울 수 없는 것들이다. 《너는 꿈을 어떻게 이룰래?》 시리즈는 바로 이러한 문제인식에서 출발하여 출간되었다. 이 시리즈는 동시대와 호흡하고 있는 여러 분야의 대가들의 지혜를 모델로 삼았으며, 그들의 사고방식(Thinking Model)을 재미있는 이야기로 엮었다. 또한 다양한 심리학적 지식을 참고하고 그 방법을 적용하여 학생들의 이해력을 돕고자 노력했다.

이 책은 누구를 위한 것인가?

이 책은 초등학교 4학년부터 중학교 3학년(약 9~15세) 학생들이 앞으로 인생을 살아가는 데 꼭 필요한 인성을 익힐 수 있도록 집필되었다. 만약 어린 학생이 이 책을 본다면 선생님과 부모님들은 그들의 이해 수준에 따라 적절한 설명을 곁들여야 효과가 클 것이다. 연습문제는 그대로 따라 풀 수 있도록 구성하였다. 물론 이 책은 성인들에게도 도움이 된다고 생각한다. 다만, 어린이들은 사물에 호기심이 많고 이해가 빠르기 때문에 사고방식 훈련에 더욱 좋은 효과가 있으리라 생각한다.

선생님과 부모님들은 이 책을 어떻게 활용해야 할까?

선생님과 부모님들은 먼저 지문의 요점을 이해한 다음, 아이들에게 설명하고 연습문제를 풀게 한다. 또 선생님과 부모님은 아이들의 인성교육에 있어 훌륭한 조언자이기 때문에 그들의 모범이 되어야 하며, 자신의 경험에 비추어 학생들과 함께 답안을 작성하고 느낀 점에 대해 토론해야 한다. 이 과정에서 학생들의 다양한 생각을 북돋워주고, 그 사고방식이 학생들의 생활에 소중한 가치관으로 자리

잡게 하며 이를 습관화하도록 도와준다. 그럼으로써 어른들은 자신의 삶을 되돌아볼 수 있고, 아이들의 인생은 보다 풍요롭고 행복해질 것이다.

이 책은 정답이 없다!

책 뒷부분에 제시된 답안은 학생들의 올바른 사고방식과 가치관 형성을 돕고자 하는 참고답안일 뿐 정답이 아니라는 점을 말해두고 싶다. 다양한 사고방식과 개인의 견해 차이를 인정해야 하기 때문이다. 참고답안에 얽매이기보다는 자유로운 토론과 사고를 통해 온전히 자신의 지혜로 만들기 바란다.

죽은 지식과 살아 있는 지혜

초등학교를 졸업할 때쯤 아이들의 신체조건, 지적 수준, 사고 능력은 거의 비슷하다고 할 수 있다. 그러나 오랜 세월이 지난 후 그 결과는 사뭇 다르다. 아마도 이러한 결과를 운의 몫으로 돌리는 사람도 있을 것이다. 어떤 사람들은 운이 따르지 않아서 성공할 수 없었고, 어떤 사람들은 운 좋게 귀인을 만나 성공했다고 생각할수도 있다. 그렇다면 행운 외에 다른 이유는 없는 것일까? 한 학년의 학업을 마쳤다는 것은 학교에서 배운 지식과 능력이 다른 사람과 별 차이가 없다는 것을 의미한다. 그런데 왜 일부분의 사람들만 배운 지식을 자유자재로 활용할 수 있을까? 그것은 그들에게 또 다른 살아있는 지혜가 있기 때문이다.

지식사회에서 살고 있는 우리는 그 어느 때보다 지식에 대한 욕구가 간절하다. 우리는 반드시 이전보다 더 치열하게 학습하고 많은 시간을 투자해야 한다. 예를 들면 대학을 졸업하고 나서도 전공 관련 자격증을 취득하거나 앞으로 생계유지에 필요한 전문기술을 배워야 한다. 기초적인 전문기술이 우리의 경쟁력을 높여주고, 생계유지 차원에서 도움이 된다는 것은 의심할 여지가 없다. 그러나 이런 '죽은 지식'을 자유자재로 활용하려면 반드시 '산지식'을 자유자재로 활용할 수 있는 능력이 필요하다. 그렇다면 '산지식'을 활용할 수 있는 능력이란 무엇인가?

유명한 미래학자 존 나이스비트 *John Naisbitt*는 지식사회에서 다음과 같은 네 가지 기능을 습득해야 한다고 말한다. 그것은 바로 공부하는 방법, 생각하는 방법, 창조하는 방법, 교제하는 방법이다.

같은 분야의 전문 자격증을 취득한 엔지니어 두 명이 있었다. 그중 A라는 사람은 공부하는 방법을 알고 있었기 때문에 급속하게 변화하는 시장의 요구에 맞춰 신제품 관련 지식을 파악할 수 있었고, 사람들과 교제하는 방법과 표현능력이 뛰어났기 때문에 더 많은 주문을 받을 수 있었다. 또한 창의적인 사고방식을 가지고 있어서 어려운 문제에 봉착했을 때 빠르고 쉽게 해결할 수 있었다. 그리고 과거를 반성하고 미래를 예측할 수 있는 혜안 덕분에 더욱 많은 기회를 잡을 수 있었다. 그러나 B라는 사람은 A처럼 그렇지 못했기 때문에 그에 비해 성공적인 삶을 살지 못했다.

죽은 지식과 산지식 사이에는 다음과 같은 차이점이 있다.

* 죽은 지식은 쉽게 시대에 뒤떨어지고 새로운 지식에 자리를 내주지만, 산지식은 평생 활용이 가능하다.
* 죽은 지식을 습득하는 데는 많은 시간이 필요하지만, 산지식은 짧은 시간 안에 쉽게 배울 수 있다. 그러나 산지식을 이해할 수도 인정할 수도 없는 사람들은 평생 걸려도 배우지 못한다.
* 죽은 지식은 일반적으로 학교에서 교과과정을 통해 배울 수 있지만, 산지식은 언제 어디서나 정해진 틀에 얽매이지 않고 배울 수 있다.
* 죽은 지식은 평가가 가능하지만, 산지식은 정확하게 평가하기가 어렵고 긴 시간이 지나야 그 결과를 통해 알 수 있다. 그러나 확실하게 산지식을 배울 수 있다면 그 효과는 굉장하다.

성공한 사람들의 공통점이 있다면 그들은 산지식의 소유자라는 것이다. 리앙즈웬 선생이 쓴《너는 꿈을 어떻게 이룰래?》시리즈는 바로 세계적인 교육의 새로운 흐름에 따라 집필된 '산지식'이라 하겠다. 이 시리즈는 지식사회가 요구하는 인재육성을 위한 훌륭한 교과서다. 이 책의 특징은 어려운 문장은 피하고, 간결하고 정확한 언어를 사용했다는 점이다. 연습문제를 통해 학생들이 쉽게 이해하고, 그

숨은 뜻을 바로 습득할 수 있도록 구성했다. 즉, 이 책에서 제기된 많은 지식들은 사람들이 평생 배워도 체계적으로 터득하기 어려운 산지식이라고 자신 있게 말할 수 있다. 아이들이 이 시리즈를 통해 평생 사는 데 도움이 되는 훌륭한 지혜들을 얻기 바란다.

—존 라우 《너는 꿈을 어떻게 이룰래?》 시리즈 고문

지식보다 더 중요한 것은 상상력이다.

– 아인슈타인

'창의'라는 단어는 얼마 전 까지만 해도 예술이나 과학천재들을 대표하는 말에 불과했지만 지금은 일상생활에서 흔하게 사용되고 있다.

창의가 정말로 중요한가? 답은 '당연하다'이다. 창의는 한 사람, 한 회사, 한 도시, 한 국가의 성공과 실패를 결정한다. 인류문명의 역사를 보면, 인간의 크고 작은 창조가 사회의 발전을 이끌었다는 사실은 의심할 바 없다. 인류는 이미 '창의시대'에 진입했으며 국가에서 개인에 이르기까지 모두 '새로운 것을 창조'하도록 격려하고 있다.

모든 사람은 태어날 때부터 창의를 가지고 있지만 이것은 삶이 끝나는 날까지 결코 다 쓸 수 없는 보물 같은 존재다. 이것은 마치 마음속 깊이 저장되어 있는 종자와도 같이 싹트고, 자라고, 꽃피고, 열매 맺기를 기다리고 있다. 세계적인 교육학자 토니 부잔Tony Buzan이 말한 것처럼 창의성은 수영이나 테니스와도 같이 서로 다른 훈련방식과 기교를 통해 파악할 수 있다. 때문에 이 책은 세계에서 가장 창의적이라고 일컫는 사람들의 생생한 경험담과 재미있는 이야기, 그리고 연습을 통해 청소년들의 창의성 계발에 도움을 주고자 한다.

＊현대 유명인사들의 창의적인 생각을 본받는다.

＊과감하게 새로운 것을 창조하는 마음을 가진다.

＊창의성을 통해 성공에 도달한다.

＊창의적인 사고로 학습하고 생활에서 일어나는 문제를 해결한다.

＊창의적인 사고를 통해 기쁘고 행복한 삶을 산다.

지금은 창의성을 무한대로 발휘해야 하는 시대다. 이 책이 여러분의 창의성 계발에 좋은 밑거름이 됐으면 하는 바람이다.

차례

창의 사고란?

'필요'는 발명의 어머니다. 진정한 창조자는 '필요'다

우리는 지금 '창의'의 시대에서 생활하고 있어요. 일상생활에서 흔히 볼 수 있는 컴퓨터, 신문, 자동차, 연필, 전화 등 모두 인류가 발명한 성과랍니다. 그럼 '창의 사고'란 무엇일까요? 한마디로 말하면, 기존의 경험을 뛰어넘고 오랜 관습을 깨뜨린 '참신하고 유용한 생각'이라고 할 수 있어요.

1 야후*Yahoo* 이야기

90년대 초, 미국에 인터넷이 조금씩 퍼지기 시작했을 때 스탠포드대학교 학생인 제리 양과 데이비드 필로는 기발한 생각을 했습니다. 인터넷에 있는 여러 사이트들이 마치 흩어진 전화번호처럼 찾기 어렵다는 것을 발견한 것이죠. 그래서 그들은 인터넷사이트들을 전화번호부처럼 정리·분류하여 인터넷 색인을 만들었어요. 이것이 오늘날 '검색엔진(search engine)'이라고도 불리는 야후의 시작입니다. 1994년, 야후를 만든 그들은 상당한 지식과 지혜로 누구도 가지 않은 새로운 길을 선택하여 새로운 상품들을 개발했습니다. 그리고 그 서비스가 갈수록 다양해지고 발전하면서 현재 야후는 미국에서 제일 큰 사이트로 회원 수, 방문자 수와 검색률, 광고 등 거의 전분야에 걸쳐 부동의 1위를 차지하고 있어요. 정말 굉장하죠?

01 사람들은 인터넷을 언제부터 사용하기 시작했나요?

☐ 가. 60년대 초

☐ 나. 70년대 초

☐ 다. 80년대 초

☐ 라. 90년대 초

02 제리 양과 데이비드 필로는 미국의 어느 대학교 학생이었나요?

☐ 가. 브링햄영대학교

☐ 나. 스탠포드대학교

☐ 다. 코넬대학교

☐ 라. 버클리대학교

03 제리 양과 데이비드 필로의 '기발한 생각'은 무엇이었나요?

☐ 가. 전화번호를 모은 후 다시 정리·분류하여 색인을 만든다.

☐ 나. 인터넷사이트 주소를 모은 후 다시 정리·분류하여 색인을 만든다.

☐ 다. 팩스번호를 모은 후 다시 정리·분류하여 색인을 만든다.

☐ 라. 우편번호를 모은 후 다시 정리·분류하여 색인을 만든다.

04 그들의 발명품을 무엇이라 부르나요?

☐ 가. 소프트웨어검색

☐ 나. 지도검색

☐ 다. 검색엔진

☐ 라. 컴퓨터검색

05 야후는 언제 만들어졌나요?

   □ 가. 1994년

   □ 나. 1995년

   □ 다. 1996년

   □ 라. 1997년

06 제리 양과 데이비드 필로는 어떤 길을 선택했나요?

   □ 가. 일부 사람들이 걸어간 길

   □ 나. 누구도 가지 않은 새로운 길

   □ 다. 많은 사람들이 걸어간 안전한 길

   □ 라. 다른 사람의 뒤를 따르는 길

07 야후의 서비스와 제품을 어떻게 묘사할 수 있을까요?

   □ 가. 갈수록 줄어들고 있긴 하지만 끊임없이 발전하고 있다.

   □ 나. 갈수록 다양해지고 있긴 하지만 발전하지는 않는다.

   □ 다. 갈수록 다양해지면서 조금씩 변하고 있다.

   □ 라. 갈수록 다양해지면서 끊임없이 발전하고 있다.

08 제리 양과 데이비드 필로는 무엇을 가지고 새로운 제품을 개발했나요?

   □ 가. 재력과 지혜

   □ 나. 지식과 지혜

   □ 다. 유머와 지식

   □ 라. 재력과 유머

09 지금의 야후는 어떤 사이트로 발전했나요?

　□ 가. 완벽하고도 다양한 뉴스사이트

　□ 나. 모든 것을 갖춘 종합사이트

　□ 다. 모든 것을 갖춘 오락사이트

　□ 라. 완벽하고도 다양한 체육사이트

10 야후는 어느 부문에서 1위를 차지하고 있나요?

　□ 가. 회원 수, 방문자 수, 검색률, 광고

　□ 나. 개발비용, 인기순위, 연예인 방문 수

　□ 다. 회원 수, 1일 접속률, 탈퇴 회원 수

　□ 라. 인기순위, 불법 다운로드량

11 야후의 성공요소는 무엇인가요?

　□ 가. 재력

　□ 나. 끈기

　□ 다. 창의

　□ 라. 용기

12 야후가 우리의 생활에 도움을 주는 분야는 무엇인가요?(정답을 모두 고르세요)

　□ 가. 사이트검색

　□ 나. 친구와의 채팅

　□ 다. 인터넷쇼핑

　□ 라. 게임

　□ 마. 뉴스읽기

　□ 바. 주식투자

　□ 사. 어떤 도움도 없음

　□ 아. 기타 _____

13 여러분은 야후의 성공에서 무엇을 배웠나요?(정답을 모두 고르세요)

　□ 가. 새로운 것을 발견하고, 그것을 실천하려고 노력한다.

　□ 나. 스탠포드대학교에 입학한다.

　□ 다. 사람들이 무엇을 원하는지 관찰한다.

　□ 라. 더 강력한 검색엔진을 만든다.

　□ 마. 완벽한 서비스를 제공한다.

　□ 바. 모든 것을 수용할 수 있는 사이트를 개설한다.

　□ 사. 창의적인 사고로 기회를 파악한다.

　□ 아. 기타 _____

2 창의 사고

01 무엇을 창의 사고라고 하나요?

　□ 가. 기존의 경험을 뛰어넘고 오랜 관습을 깨뜨린 '참신하고 유용한' 생각

　□ 나. 기존의 능력을 뛰어넘고 오랜 관습을 깨지 않는 '평범하고 쓸모없는' 생각

　□ 다. 기존의 경험을 뛰어넘고 오랜 관습을 깨뜨린 '참신하지만 불편한' 생각

　□ 라. 기존의 경험을 뛰어넘고 오랜 관습을 깨지 않는 '유용하고 효과적인' 생각

02 창의적인 생각은 어디에나 있어요. 여러분은 자신의 창의 사고를 어디에 쓰고 싶은가요?(정답을 모두 고르세요)

　□ 가. 집을 아름답게 꾸민다. 　　□ 나. 생활계획표를 짠다.

　□ 다. 사진을 찍는다. 　　□ 라. 아이들을 가르친다.

　□ 마. 발명품을 만든다. 　　□ 바. 나쁜 습관을 없앤다.

　□ 사. 돈을 적게 쓴다. 　　□ 아. 돈을 많이 번다.

　□ 자. 물건을 사고 판다. 　　□ 차. 컴퓨터 소프트웨어를 설계한다.

　□ 카. 그림을 그린다. 　　□ 타. 노래를 작곡한다.

　□ 파. 전시회를 연다.

03 창의 사고가 사람들에게 가져다주는 이익은 무엇일까요?(정답을 모두 고르세요)

☐ 가. 새로운 상품을 끊임없이 만든다.

☐ 나. 새로운 서비스가 많아진다.

☐ 다. 무서운 질병을 고친다.

☐ 라. 더 많은 재산을 가질 수 있게 한다.

☐ 마. 새로운 취미를 만들 수 있게 한다.

☐ 바. 어려운 문제를 해결할 수 있게 한다.

☐ 사. 더 많은 일을 처리해준다.

3 불가능한 것은 없어!

여러분이 의자를 생각할 때 대뇌는 곧바로 의자의 네 다리, 평평한 받침, 등받이를 떠올릴 거예요. 이것은 의자의 일반적인 특징이에요. 이처럼 우리들의 대뇌는 주위 사물에 이미 익숙해져 있어요. 즉, 우리들은 대뇌에 저장된 영상과 생각을 먼저 떠올리게 돼요. 그렇기 때문에 우리는 낡은 틀에서 벗어나 새로운 것을 창조하기 위해서 항상 '불가능한 것은 없어!' 라고 자신에게 이야기해야 해요.

지금부터 '불가능한 것이 없는' 일 다섯 가지를 찾아보도록 해요.

예 : 의자에 모터와 바퀴를 달아 이동수단으로 쓴다.

_____

_____

_____

_____

_____

4 나만의 창의 사고를 찾아서

창의 사고는 소수의 과학자나 예술가들만 가질 수 있는 능력이 아니에요. 누구든 자기 안에 잠재한 창의성을 키울 수 있어요. 만약 여러분이 많은 사람들을 위해 새로운 발명품을 만들어내고자 한다면, 아래에 제시된 방법들이 여러분 속에 잠재한 창의성을 펼치는 데 도움을 줄 거예요. 자신이 할 수 있는 방법을 선택해 □ 에 ✓ 하세요.

☐ 가. 여러 가지 생각을 제시한다.

☐ 나. 길이 막히면 다른 길을 선택한다.

☐ 다. 다른 사람들의 비웃음에 낙심하지 않는다.

☐ 라. 엉뚱한 문제들을 두려워하지 않는다.

☐ 마. 전통적으로 굳어진 생각에 도전한다.

☐ 바. 실패를 두려워하지 않는다.

☐ 사. 다른 방법을 끊임없이 시도한다.

☐ 아. 모범답안만을 찾지 않는다.

☐ 자. 반드시 좋은 방법이 있을 것이라는 확신을 가진다.

☐ 차. 호기심을 갖는다.

☐ 카. 자주 하지 않는 일을 한다.

☐ 타. 끊임없이 새로운 취미를 만든다.

☐ 파. 사람들의 부탁을 주의 깊게 듣는다.

☐ 하. 유쾌하고 명랑한 마음을 갖는다.

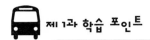 제 1과 학습 포인트

✓ 창의 사고란, 기존의 경험을 뛰어넘고 오랜 관습을 깨뜨린 '참신하고 유용한 생각' 이다.

✓ 창의성이 없는 사람은 없다.

✓ 창의적인 생각은 사람들에게 끊임없이 이익을 준다.

✓ 자기 자신에게 '불가능한 것은 없어!' 라고 항상 이야기한다.

✓ 창의적인 방법으로 나만의 창의 사고를 펼친다.

2 | 성공사례 및 연습문제

같은 일을 반복하면서 다른 결과가 나오길 기대하는 사람은 정신이상자다

– 아인슈타인

1 맥도날드 이야기

1940년대의 맥도날드는 미국 캘리포니아 주에 살고
있는 두 형제가 창립한 동네 음식점이었습니다.
하지만 지금은 전 세계에 3만 개가 넘는 체인점
을 두고 있는 거대한 기업이 되었죠. 그리고 지
금도 끊임없이 성장하고 있어요. 이름도 없던 작
은 음식점이 50여 년만에 어떻게 이런 거대한 기
업으로 성장할 수 있었을까요?

　제2차 세계대전 이후 미국경제는 빠르게 발전했어요. 그래서 사람들은 하루 세
끼 밥 먹을 시간도 없이 바빴죠. 그리고 빠르게 식사를 해결하길 원하는 사람들이
늘어났어요. 이처럼 시장의 수요가 늘어나자 맥도날드 형제는 어떻게 하면 돈을
벌 수 있을까를 고민했어요. 곧 그들은 전통적인 방법을 버리고 새로운 것을 시도
했어요. 우선, 음식점을 넓히고 종업원의 수를 늘렸어요. 그리고 주방기기들을 간
소화하고, 메뉴를 반으로 줄여 햄버거를 대량으로 생산해냈어요. 거기에 품질까지
높여 손님들에게 빠른 서비스와 깨끗한 위생환경을 제공했지요. 이후 맥도날드의
판매량은 두 배로 늘어났어요. 많은 중·저소득 가정들이 싸고 먹기 편리한 맥도날
드의 햄버거를 찾게 되었거든요. 맥도날드의 성공은 새로운 것을 시도하여 식품제
조방법을 표준화하고, 전 세계에 있는 체인점을 지속적으로 관리하고, 빠른 서비스

와 저렴한 가격을 만들어낸 데에 있다고 할 수 있어요. 맥도날드의 성공은 창의 사고의 능력과 위력을 충분히 보여준 좋은 사례랍니다.

01 맥도날드는 언제 만들어졌나요?

☐ 가. 1930년대

☐ 나. 1940년대

☐ 다. 1950년대

☐ 라. 1960년대

02 지금까지 맥도날드는 전 세계에 몇 개의 체인점을 만들었나요?

☐ 가. 1만 개 이상

☐ 나. 2만 개 이상

☐ 다. 3만 개 이상

☐ 라. 4만 개 이상

03 맥도날드가 세계에서 제일 많은 체인점을 가진 거대한 기업으로 성장하기까지 얼마의 시간이 걸렸나요?

☐ 가. 5개월

☐ 나. 50년

☐ 다. 5년

☐ 라. 50시간

04 제2차 세계대전 이후 미국인들은 맥도날드의 어떤 서비스에 열광하기 시작했나요?(정답을 모두 고르세요)

☐ 가. 빠른 속도

☐ 나. 우수한 품질

□ 다. 친절한 서비스

□ 라. 저렴한 가격

05 맥도날드 형제가 새롭게 시도한 방법은 무엇인가요?

□ 가. 주방기기들을 더 많이 만들고, 메뉴를 소량으로 줄였다.

□ 나. 주방기기들을 간소화하고, 메뉴를 대량으로 늘렸다.

□ 다. 주방기기들을 간소화하고, 메뉴를 대량으로 줄였다.

□ 라. 주방기기들을 더 많이 만들고, 메뉴를 대량으로 늘렸다.

06 맥도날드 형제가 새롭게 사용한 방법은 음식점에 어떤 이익을 주었나요?

□ 가. 아무 변화 없었다.

□ 나. 소량생산만을 할 수 있었다.

□ 다. 대량생산을 가능하게 했다.

□ 라. 생산을 중단해야 했다.

07 맥도날드는 고객들에게 어떤 약속을 했나요?

□ 가. 음식의 양, 빠른 서비스, 청결한 환경

□ 나. 음식의 품질, 빠른 서비스, 청결한 환경

□ 다. 음식의 양, 불친절한 서비스, 불쾌한 환경

□ 라. 음식의 맛, 빠른 서비스, 편안한 환경

08 이러한 변화는 맥도날드의 판매량에 어떤 영향을 미쳤나요?

□ 가. 판매량이 변하지 않았다.

□ 나. 판매량이 반으로 줄었다.

□ 다. 판매량이 두 배로 늘었다.

□ 라. 문을 닫아야 했다.

09 그 당시에 어떤 소득층의 가정이 맥도날드를 이용했나요?

    □ 가. 중·저소득

    □ 나. 고소득

    □ 다. 빈곤층

    □ 라. 노숙자들

10 전 세계에 퍼져 있는 맥도날드가 품질을 유지할 수 있었던 방법은 무엇인가요?

    □ 가. 식품운송방식의 표준화

    □ 나. 식품판매방식의 표준화

    □ 다. 식품제조방식의 표준화

    □ 라. 식품보관방식의 표준화

11 여러분은 맥도날드 형제의 성공에서 무엇을 배웠나요?(정답을 모두 고르세요)

    □ 가. 많은 체인점을 소유하고 있는 기업을 만든다.

    □ 나. 시장의 수요를 파악한다.

    □ 다. 미국 캘리포니아 주에 회사를 설립한다.

    □ 라. 제품의 품질과 서비스의 기준을 엄격히 지킨다.

    □ 마. 모든 일을 표준화한다.

    □ 바. 전통적인 방법을 과감히 포기할 수 있는 용기가 있어야 한다.

    □ 사. 기업은 좋은 품질의 제품과 서비스를 제공해야 한다.

    □ 아. 기타 _____

2 창의 사고 놀이

손수건은 땀을 닦는 것 이외에 어떤 용도로 사용할 수 있을까요? 10가지를 적어보세요.

_____   _____

_____   _____

_____   _____

_____   _____

_____   _____

3 창의 사고 이야기

매일 창밖의 새를 감상하던 한 남자가 죽었어요. 그런데 그 남자의 얼굴은 미소로 가득했어요. 그 남자가 왜 죽었는지, 여러분의 상상력을 마음껏 발휘해서 이야기를 만들어보세요.

_____

_____

_____

_____

_____

_____

_____

_____

_____

4 창의 사고 문제

1과 0사이에 수학부호 하나를 넣어, 그 값이 0보다는 크고 1보다는 작게 만들어보세요.

_____

_____

_____

_____

5 창의 사고 활동

리듬이 강한 음악을 선택하여 반주에 맞춰 무용동작을 만들어보세요.

창의 사고 방법 : 1) 브레인스토밍

질문을 멈추지 않는 것이 가장 중요하다

– 아인슈타인

'브레인스토밍*Brainstorming*'은 광고업계에서 주로 쓰는 창의 사고 방법입니다. 이 방법은 1939년, 유명한 광고회사인 BBDO의 설립자 알렉스 오스본*Alex Osborn*이 만들어냈다고 해요. 브레인스토밍의 목적은 많은 사람들을 끌어모은 뒤, 하고 싶은 말을 속 시원하게 할 수 있도록 격려함으로써 서로의 생각(idea)을 공유하고 보충해가는 것입니다. 이렇게 하면 경제, 교육, 과학기술, 예술, 상업 등 여러 부문으로 생각의 폭을 넓힐 수 있어요.

1 브레인스토밍이란?

01 브레인스토밍의 기본원리

중국에는 이런 명언이 있습니다. '구두장이 셋이 모이면 제갈량보다 낫다.' 이는 여러 사람들의 지혜를 모아 문제를 해결한다는 말이에요. 브레인스토밍의 원리는 서로 다른 배경, 특기, 기술, 성격, 취미를 가진 사람들이 하나의 목표를 놓고 함께 생각하면서 새로운 아이디어와 해결방안을 내놓는 것입니다. 한 사람이 자신의 생각을 말하는 순간, 다른 사람들의 두뇌

에 연상능력이 발생하면서 끊임없이 아이디어가 생기는 것을 이용하는 것이지요. 마치 연이어 터지는 폭죽처럼 말이에요.

02 브레인스토밍의 원칙

- 의견이 많을수록 좋아요.
- 황당하거나 괴상한 의견도 괜찮아요.
- 다른 사람의 의견을 비판해서는 안 돼요.
- 다른 사람의 생각을 받아들여 더 좋고 새로운 방안을 내놓아요.
- 자유롭고 유쾌한 토의 분위기를 만들어요.
- 참가자들은 경력, 성별, 연령, 직업 등의 조건에 상관없이 모두 평등해요.
- 사적인 대화는 하지 않아요.

03 브레인스토밍의 절차

- 토의 주제를 정해요.
- 외부의 간섭이 없는 조용한 장소를 선택해요.
- 회의 참가자를 모집해요(3명~10명).
- 사회자는 참가자들에게 규칙을 설명하고, 참가자들이 의견을 적극적으로 말할 수 있게 격려해요.
- 참가자 중 1명 혹은 2명은 사람들이 발표한 모든 생각을 적어요.
- 회의시간은 30분으로 해요.
- 평가기준을 함께 정하고, 투표로 가장 적절한 문제해결방안을 선택해요.

04 개인 브레인스토밍

만약 여러분이 혼자서 브레인스토밍을 한다면 떠오르는 생각을 흰 종이에 적어 보세요. 더 이상 아무 것도 떠오르지 않을 때까지 계속 적습니다. 좋은 것, 나쁜 것, 심지어는 황당한 것 등을 논리에 맞든 맞지 않든, 가치가 있든 없든 메모하는 거예요. 그 다음 적은 내용들을 정리하고 분류하여 제일 좋은 생각을 결정해요!

2 브레인스토밍 이해하기

01 브레인스토밍이 처음 사용된 때는 언제인가요?

☐ 가. 1936년

☐ 나. 1937년

☐ 다. 1938년

☐ 라. 1939년

02 브레인스토밍은 어떤 분야에서 많이 쓰이는 방법인가요?

☐ 가. 군사

☐ 나. 광고

☐ 다. 교육

☐ 라. 운송

03 브레인스토밍의 기본원리는 무엇인가요?

☐ 가. 많은 사람들이 하나의 목표를 놓고 함께 생각하는 것

☐ 나. 많은 사람들이 여러 목표를 놓고 각자 생각하는 것

☐ 다. 많은 사람들이 각자의 목표를 놓고 함께 싸우는 것

☐ 라. 많은 사람들이 각자의 목표를 서로 주장하는 것

04 브레인스토밍 회의 중 한 참가자가 어떤 아이디어를 내놓았어요. 그 아이디어가 다른 참가자들에게 어떤 영향을 미칠 수 있을까요?

☐ 가. 참가자들의 비판능력을 불러일으켜 서로를 비판한다.

☐ 나. 참가자들의 추리능력을 불러일으켜 다른 생각을 하게 한다.

☐ 다. 참가자들의 논리능력을 불러일으켜 자기만 문제를 해결한다.

☐ 라. 참가자들의 연상능력을 불러일으켜 끊임없이 아이디어를 만들어낸다.

05 브레인스토밍 회의를 할 때 의견이 많으면 많을수록 좋은 점은 무엇인가요?

☐ 가. 의견이 많을수록 서로의 비판만 많아진다.

☐ 나. 의견이 많을수록 회의 시간이 길어진다.

☐ 다. 의견이 많을수록 실행가능한 방법이 많아진다.

☐ 라. 의견이 많을수록 실행가능한 방법이 적어진다.

06 왜 서로 다른 배경, 특기, 취미 및 개성을 가진 사람들이 브레인스토밍에 참여해야 하나요?

☐ 가. 사람마다 가지고 있는 지식, 생각, 능력이 다르기 때문에 아이디어가 상호 보완되면서 큰 효과를 얻을 수 있다.

☐ 나. 사람마다 가지고 있는 지식, 생각, 능력이 다르기 때문에 아이디어가 상호 잠식되면서 효과가 떨어진다.

☐ 다. 사람마다 가지고 있는 지식, 생각, 능력이 다르기 때문에 아이디어가 안 나온다.

☐ 라. 사람마다 가지고 있는 지식, 생각, 능력이 다르기 때문에 서로 싸운다.

07 브레인스토밍 회의를 할 때 왜 다른 사람의 의견을 비판하지 말아야 하나요?

☐ 가. 비판은 창의의 폭을 넓히는 조력자이기 때문이다.

☐ 나. 비판은 창의를 불러오기 때문이다.

☐ 다. 비판은 창의를 격려하는 원천이기 때문이다.

☐ 라. 비판은 창의의 폭을 좁히기 때문이다.

08 브레인스토밍 회의를 할 때 왜 개인적인 이야기를 하면 안 되나요?

☐ 가. 다른 사람들의 사회활동을 방해하기 때문에

☐ 나. 다른 사람들의 사고활동을 방해하기 때문에

☐ 다. 다른 사람들의 사생활을 방해하기 때문에

☐ 라. 다른 사람들의 오락활동을 방해하기 때문에

09 브레인스토밍 회의를 할 때 왜 참가자들은 평등해야 하나요?

　□ 가. 권위가 특정인물에게 주어지면 의견을 자유롭게 발표할 수 없으므로

　□ 나. 동료들과 함께 있으면 의견을 자유롭게 발표할 수 없으므로

　□ 다. 어린 사람과 함께 있을 때 의견을 자유롭게 발표할 수 있으므로

　□ 라. 높은 사람과 함께 있을 때 의견을 자유롭게 발표할 수 있으므로

10 자유로운 회의 분위기를 위해 참가자들이 할 수 있는 일은 무엇인가요?

　□ 가. 거친 말을 하고, 음식을 먹고, 잠을 자고, 음악을 듣는다.

　□ 나. 딴 짓을 하고, 음식을 먹고, 강연을 하고, 음악을 듣는다.

　□ 다. 의견을 말하고, 음식을 먹고, 글을 쓰고, 음악을 듣는다.

　□ 라. 잡담을 하고, 점심을 먹고, 잠을 자고, 음악을 듣는다.

11 브레인스토밍 회의에 참가하는 인원이 많으면 안 되는 이유는 무엇인가요?

（정답을 모두 고르세요）

　□ 가. 사람이 많으면 모든 참가자들이 충분히 자기반성을 할 수 없다.

　□ 나. 사람이 많으면 모든 참가자들이 충분히 의견을 말할 수 없다.

　□ 다. 사람이 많으면 모든 참가자들이 충분히 서로의 의견을 검토할 수 없다.

　□ 라. 사람이 많으면 모든 참가자들이 충분히 교류할 수 없다.

12 브레인스토밍 회의 시간이 길면 안 되는 이유는 무엇인가요?

　□ 가. 쉽게 집중할 수 있으므로

　□ 나. 두뇌가 쉽게 흥분할 수 있으므로

　□ 다. 몸이 쉽게 피로해질 수 있으므로

　□ 라. 두뇌가 쉽게 피로해질 수 있으므로

13 토의 주제는 다음 중 어떤 조건에 맞아야 하나요?

  □ 가. 구체적이고 명확해야 한다.

  □ 나. 추상적이고 명확해야 한다.

  □ 다. 추상적이고 모호해야 한다.

  □ 라. 구체적이고 모호해야 한다.

14 브레인스토밍 회의 장소는 어디가 좋은가요?

  □ 가. 넓고 외부의 간섭이 많은 곳

  □ 나. 깨끗하고 외부의 간섭이 없는 곳

  □ 다. 조용하고 외부의 간섭이 없는 곳

  □ 라. 조용하지만 외부와 연락할 수 있는 곳

15 다른 사람들의 생각에 대해 우리는 어떻게 반응해야 하나요?

  □ 가. 누구나 생각할 수 있는 평범한 생각을 내놓는다.

  □ 나. 새롭고, 기이하고, 터무니없는 생각도 받아들인다.

  □ 다. 이상하고, 덜떨어져 보이는 생각이라고 비판한다.

  □ 라. 자신의 평소 습관대로 생각을 내놓는다.

16 브레인스토밍 회의의 사회자는 다음 중 어떤 일을 하지 말아야 하나요?

  □ 가. 회의 참가자들이 적극적으로 의견을 말할 수 있게 격려한다.

  □ 나. 회의 시 반드시 지켜야 할 사항을 이야기한다.

  □ 다. 토의의 주제가 바른 방향으로 가고 있는지 살핀다.

  □ 라. 회의를 처음부터 끝까지 간섭한다.

CHAPTER 3

17 브레인스토밍 회의가 끝나면 참가자들의 의견은 어떻게 처리되나요?

☐ 가. 의견을 분류한 뒤 회의를 통해 평가하고 가려낸다.

☐ 나. 의견을 삭제한 뒤 사회자 마음대로 평가하고 가려낸다.

☐ 다. 의견을 분류한 뒤 기록한 사람의 마음대로 새로운 생각을 나눈다.

☐ 라. 의견을 분류하고 그것으로 끝낸다.

18 기록하는 사람의 임무는 무엇일까요?

☐ 가. 참신하고 효과적인 의견만 기록한다.

☐ 나. 명확하고 효과적인 의견만 기록한다.

☐ 다. 새롭고 이상한 의견만 기록한다.

☐ 라. 참여한 모든 사람들의 의견을 기록한다.

19 브레인스토밍 회의의 목적은 무엇인가요?

☐ 가. 서로의 이야기를 감상하기 위해

☐ 나. 문제해결을 위해

☐ 다. 서로 한탄하기 위해

☐ 라. 정을 쌓기 위해

20 모든 사람들의 의견을 어떻게 평가하나요?

☐ 가. 엉뚱하고 황당한지를 평가한다.

☐ 나. 신기하고 실행가능한지를 평가한다.

☐ 다. 재미있고 신기한지를 평가한다.

☐ 라. 실행가능하고 효과가 있는지를 평가한다.

3 브레인스토밍을 직접 해보자

- 주　제 : 학교행사에 어떻게 하면 더 많은 사람들을 참여시킬 수 있을까요?
- 참가자 : _____
- 제　시 : 장기자랑, 미술품전시, 발명품경연대회, 운동회, 일일찻집 등을 생각할
　　　　　수 있어요.
- 생　각 : _____
　　　　　_____
　　　　　_____
　　　　　_____
　　　　　_____

 제 3과 학습 포인트

✓ 브레인스토밍 : 여러 사람들이 하나의 목표를 놓고 함께 머리를 써서 생
　　　　　　　　각을 내놓는 것
✓ 기본원칙
　　- 개인적인 이야기나 비판은 하지 않는다.
　　- 모든 사람의 기분이 가볍고 자유로워야 한다.
　　- 모든 사람은 평등하다.
　　- 의견은 많을수록 좋다.
✓ 진행절차
　　- 다룰 문제(토의 주제)를 정한다.
　　- 조용한 곳을 선택한다.
　　- 회의를 소집한다(3명~10명).
　　- 사회자가 규칙을 설명한다.
　　- 모든 의견을 기록한다.
　　- 회의 시간은 30분이다.
　　- 함께 만든 평가기준으로 해결방안을 선택한다.

4 | 성공사례 및 연습문제

'가능'과 '불가능'의 구별은 한 사람의 판단에 달려 있다

1 올림픽 역사를 바꾼 피터 위버로스

올림픽은 전 세계가 주목하는 성대한 체육대회예요. 올림픽 개최국들은 이 성대한 체육대회를 통해 자국의 이미지를 전 세계에 알리려고 하지요. 그래서 올림픽 개최권을 놓고 많은 국가와 일류 도시들이 경쟁을 해요. 올림픽은 그 나라 또는 도시의 명성을 높여 관광산업을 발달시키고 그에 따른 상업, 무역량과 외화수입까지 늘리기 때문

이에요. 그런데 올림픽의 규모가 어마어마하게 커지다보니 근래 들어 개최국이 오히려 적자를 보는 경우가 많았다고 하네요.

1984년에 열렸던 제23회 LA올림픽은 창의성이 넘치는 사업가 피터 위버로스 Peter V. Ueberroth가 시정부를 대신해 주관했어요. 그는 자신의 창의성을 발휘하여 활기차고 다채로운 올림픽을 만들었고 더불어 외화수입도 늘렸어요. 그가 올림픽을 개최하기 위해 동원한 방법은 첫째 올림픽중계권 판매, 둘째 광고권과 협찬권 판매(한 분야에서 하나의 기업선정), 셋째 기념품 독점판매, 넷째 인근 대학의 체육시설과 기숙사를 이용한 건설비용의 감축 등이 있어요. 하지만 전 세계를 놀라게 한 것은 따로 있었답니다. 그건 바로 성화봉송권을 판매했다는 거예요!

결국, 피터 위버로스는 '올림픽의 기적'을 만들어냈어요. 그는 자신의 천재적인

사업능력과 경영방식으로 정부의 지원이 1달러도 없었던 올림픽에서 2억 달러가 넘는 흑자를 시정부에 안겨주었어요. 그리고 1985년 1월, 〈타임〉은 그를 올해의 인물로 선정했어요. 이전까지 올림픽을 '적자를 내는 장사'로 생각하여 서로 유치하지 않으려던 나라들도 이제는 서로 올림픽을 유치하려고 경쟁을 벌인답니다.

01 올림픽 개최국들은 올림픽을 어떠한 기회로 보고 있나요?

□ 가. 물품들을 수리할 수 있는 기회

□ 나. 건축물들을 새롭게 만들 수 있는 기회

□ 다. 자국의 이미지를 상승시킬 수 있는 기회

□ 라. 새로운 정책을 수립할 수 있는 기회

02 올림픽 개최는 국가와 도시발전에 어떤 영향을 미치나요?

□ 가. 지명도를 높이고 관광산업을 발달시키고 상업·무역량과 외화수입을 늘린다.

□ 나. 교통체증을 일으키고 실업률과 상업·무역량, 땅 판매수입을 늘린다.

□ 다. 고령화를 앞당기고 상업·무역량과 외화수입을 늘린다.

□ 라. 지명도를 높이고 체육산업을 발달시키고 상업·무역량과 도박수입을 늘린다.

03 근래에 들어 올림픽의 규모가 어마어마하게 커지면서 개최국들의 경제수익은 어떻게 되었나요?

□ 가. 돈을 많이 벌어들였다.

□ 나. 수입과 지출 금액이 비슷해졌다.

□ 다. 손해를 보는 일이 많아졌다.

□ 라. 손해도 보긴 했지만 이익이 더 크다.

04 올림픽 경영모델에 커다란 변화를 가져온 것은 몇 회 올림픽인가요?

    ☐ 가. 1992년 제25회

    ☐ 나. 1988년 제24회

    ☐ 다. 1980년 제22회

    ☐ 라. 1984년 제23회

05 LA올림픽의 성공요소는 무엇인가요?

    ☐ 가. 한 사람의 창의력

    ☐ 나. 한 사람의 권력

    ☐ 다. 한 사람의 재력

    ☐ 라. 한 사람의 외모

06 피터 위버로스는 어떤 기관을 대신해 올림픽을 개최했나요?

    ☐ 가. 미국올림픽위원회

    ☐ 나. 미국정부

    ☐ 다. LA시정부

    ☐ 라. 국제올림픽위원회

07 LA올림픽의 이익창출 방법이 아닌 것은 무엇인가요?

    ☐ 가. 올림픽중계권 판매

    ☐ 나. 각종 기념품 판매

    ☐ 다. 광고권과 협찬권판매

    ☐ 라. 건물시설 판매

08 피터 위버로스는 어떤 방식으로 올림픽에 들어갈 비용을 줄였나요?

□ 가. 가까운 관광지의 숙박시설을 이용하여 건설비용을 줄였다.

□ 나. 가까운 공장의 기숙사를 이용하여 건설비용을 줄였다.

□ 다. 가까운 대학의 체육시설과 기숙사를 이용하여 건설비용을 줄였다.

□ 라. 가까운 정부청사의 시설을 이용하여 건설비용을 줄였다.

09 피터 위버로스는 어떤 능력으로 올림픽의 기적을 이루었나요?

□ 가. 천재적인 과학능력

□ 나. 천재적인 사업능력

□ 다. 천재적인 언어능력

□ 라. 천재적인 수학능력

10 사람들은 LA올림픽을 어떻게 묘사했나요?

□ 가. 올림픽의 기적

□ 나. 상업 공장

□ 다. 올림픽 공장

□ 라. 창의의 기적

11 올림픽의 기적을 이끈 피터 위버로스는 1985년 어느 언론사에서 '올해의 인물'로 선정되었나요?

□ 가. 〈포춘〉

□ 나. 〈월스트리트 저널〉

□ 다. 〈타임〉

□ 라. 〈워싱턴 포스트〉

12 LA올림픽의 성공은 다른 나라에 어떤 영향을 미쳤나요?

　　□ 가. 앞 다투어 학교를 짓게 했다.

　　□ 나. 앞 다투어 최고급 운동선수를 양성하게끔 했다.

　　□ 다. 앞 다투어 올림픽 개최를 신청하게끔 했다.

　　□ 라. 앞 다투어 상업모델을 만들게끔 했다.

13 여러분은 피터 위버로스에게서 무엇을 배웠나요?(정답을 모두 고르세요)

　　□ 가. 새로운 생각과 새로운 방법으로 어려운 문제를 해결한다.

　　□ 나. 상업경영수단으로 모든 문제를 해결한다.

　　□ 다. 올림픽 개최권을 따낸다.

　　□ 라. 용감하게 현실을 바라보고 어려운 일을 해결한다.

　　□ 마. 성화봉송권 판매로 돈을 번다.

　　□ 바. 창의적인 사고로 수입을 늘린다.

　　□ 사. 1달러로는 아무 것도 하지 못한다는 생각은 버린다.

　　□ 아. 기타 _____

2 창의 사고 놀이

여러분은 보통 어떤 말로 아름다운 여인을 묘사하나요? 10개의 수식어를 적어보세요.

_____　　_____

_____　　_____

_____　　_____

_____　　_____

_____　　_____

3 창의 사고 이야기

한 남자가 사무실에서 일을 하다가 책상 위에 음식을 남겨놓았어요. 그 결과, 그 남자는 전 세계적으로 유명한 부자가 되었다고 해요. 어떻게 그 남자가 유명해졌는지 이야기를 만들어보세요.

_____

_____

_____

_____

_____

_____

4 창의 사고 문제

세 개의 성냥개비를 움직여 다음의 계산식이 성립될 수 있게 만들어보세요.
(주의 : 성냥개비의 수를 줄여 이 문제를 풀려고 하지 마세요)

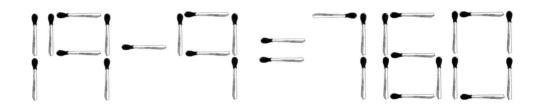

5 창의 사고 활동

집에 있는 물건으로 우리가족을 알리는 홍보물을 만들어보세요.

창의 사고 방법 : 2) 디즈니의 창의적 전략

나에겐 특별한 재능이 없다. 단지 모든 것에 호기심을 가질 뿐이다

－아인슈타인

디즈니의 창의적 전략(Disney Creative Strategy)은 전 세계의 유명한 만화작가들과 월트 디즈니 *Walt Disney* 의 사업모델에서 발전한 창의 사고 방법이에요. 월트 디즈니는 천재적인 창의력을 가진 사람으로서 매우 훌륭하고 기발한 이야기를 동화로 만들어냈어요. 그렇게 그는 누구도 상상할 수 없었던 디즈니랜드를 만들었답니다. 월트 디즈니는 아이디어만 있고 실천이 없다면 꿈이 현실로 바뀔 수 없다는 사실을 잘 알고 있었어요. 그래서 그는 아이디어를 쏟는 과정에서 스스로 여러 가지 역할을 맡아 다양한 측면으로 접근한 '최고의 답안'을 찾아내려고 했어요.

1 디즈니의 창의적 전략이란?

01 디즈니의 창의적 전략은 아이디어를 쏟는 과정에서 서로 다른 세 개의 역할을
맡아보는 거예요.

• 몽상가(dreamer)
창의는 무한하고, 그 능력이 아주 뛰어나다. 몽상가는 자
유로운 상상과도 같은 창의를 통해 어떤 일이든지 가능
하게 만드는 방법을 찾는다.

- 실천가(realist)

몽상가가 생각한 방법을 실천할 수 있는 행동으로 옮긴다. 그 과정에서 실천가는 몽상을 어떻게 현실로 바꿀 것인지 집중적으로 고민한다.

- 비평가(critic)

모든 의견을 비평한다. 비평가의 임무는 모든 의견과 행동의 결점을 찾아 비평 하는 것이다.

02 다음에 제시된 일 혹은 생각과 맞는 역할을 찾으세요.

1) 일상적인 방법에서 벗어나요.
   - □ 가. 몽상가
   - □ 나. 실천가
   - □ 다. 비평가

2) 실천 아이디어의 결점을 엄격하게 분석해요.
   - □ 가. 몽상가
   - □ 나. 실천가
   - □ 다. 비평가

3) 계획의 시기가 맞지 않다고 생각해요.
   - □ 가. 몽상가
   - □ 나. 실천가
   - □ 다. 비평가

4) 길에 잘못 들어설 것을 걱정하지 마세요.

　　□ 가. 몽상가

　　□ 나. 실천가

　　□ 다. 비평가

5) 여러 가지 어려움을 과감하게 극복하세요.

　　□ 가. 몽상가

　　□ 나. 실천가

　　□ 다. 비평가

6) 꿈꾸는 것처럼 생각해요.

　　□ 가. 몽상가

　　□ 나. 실천가

　　□ 다. 비평가

7) 성공할 수 있는 기회인지 평가해요.

　　□ 가. 몽상가

　　□ 나. 실천가

　　□ 다. 비평가

8) 다른 사람들의 평가에 대해 생각해요.

　　□ 가. 몽상가

　　□ 나. 실천가

　　□ 다. 비평가

9) 일을 시작해요.

  □ 가. 몽상가

  □ 나. 실천가

  □ 다. 비평가

10) 항상 호기심을 가지세요.

  □ 가. 몽상가

  □ 나. 실천가

  □ 다. 비평가

11) 생각을 실천할 수 있는 방법을 고민하세요.

  □ 가. 몽상가

  □ 나. 실천가

  □ 다. 비평가

12) 넘어져도 불굴의 의지로 다시 일어나요.

  □ 가. 몽상가

  □ 나. 실천가

  □ 다. 비평가

13) 누가 실천하나요?

  □ 가. 몽상가

  □ 나. 실천가

  □ 다. 비평가

14) 새로운 영역에서 아이디어를 찾으세요.

　　□ 가. 몽상가

　　□ 나. 실천가

　　□ 다. 비평가

15) '내가 원하는 것은 무엇일까?'

　　□ 가. 몽상가

　　□ 나. 실천가

　　□ 다. 비평가

16) '만약 실패하면 누가 뒷수습을 해야 할까?'

　　□ 가. 몽상가

　　□ 나. 실천가

　　□ 다. 비평가

17) '언제쯤 일을 완성할 수 있을까?'

　　□ 가. 몽상가

　　□ 나. 실천가

　　□ 다. 비평가

18) 비판에 물러서지 마세요.

　　□ 가. 몽상가

　　□ 나. 실천가

　　□ 다. 비평가

19) 항상 새롭게 생각하세요.

　　□ 가. 몽상가

　　□ 나. 실천가

　　□ 다. 비평가

20) 일부러 '아니'라고도 말해보세요.

　　□ 가. 몽상가

　　□ 나. 실천가

　　□ 다. 비평가

21) 계획을 세우고 전략을 세우세요.

　　□ 가. 몽상가

　　□ 나. 실천가

　　□ 다. 비평가

22) 직관과 느낌으로 생각의 실마리를 잡아요.

　　□ 가. 몽상가

　　□ 나. 실천가

　　□ 다. 비평가

23) 생각한 것을 바로 기록하세요.

　　□ 가. 몽상가

　　□ 나. 실천가

　　□ 다. 비평가

2 디즈니의 창의적 전략 이해하기

01 디즈니의 창의적 전략 순서

① 먼저 토의의 주제를 정해요.

② 바닥에 종이 세 장을 놓고 각각의 종이 위에 '몽상가', '실천가', '비평가' 라고 적은 다음, 세 가지 역할을 대표할 수 있는 작은 물건을 함께 놓아요. 예를 들면 장난감 비행기를 몽상가로, 장난감 망치를 실천가로, 장난감 나팔을 비평가로 정해요.

③ 장난감 비행기를 들고 '몽상가'라고 적힌 종이 위에 서서 몽상가처럼 동작을 취해요. 그리고 미래를 상상하면서 자신의 생각이 자유롭게 발휘될 것이라고 생각해요.

④ '실천가'의 종이 위에 서서 장난감 망치를 들어요. 지금까지 했던 생각을 어떻게 실천할지 고민하고, 실행가능한 방법들을 계획해요.

⑤ '비평가'의 종이 위에 서서 장난감 나팔을 들어요. 자신이 고객, 사장, 주인이라고 생각하고 거리낌 없이 비평하면서 그 계획이 성공할 수 있을지 평가해요.

⑥ 역할과 생각을 바꿔가면서 계속 시도해보세요.

⑦ 생각이 없어질 때까지는 반드시 자기가 맡은 역할에 집중해야 해요.

02 정답을 골라 □에 ✓하세요.

1) 왜 역할마다 종이 한 장과 작은 장난감을 준비해야 할까요?

□ 가. 놀기 위해서

□ 나. 역할에 더 몰입하기 위해서

□ 다. 바닥을 더럽히지 않기 위해서

□ 라. 아무렇게나 생각하지 않기 위해서

2) 몽상가라고 적힌 종이 위에서 장난감 비행기를 들고 있는 것은 어떤 의미일까요?

☐ 가. 몽상가는 항상 비행기를 타고 다닌다.

☐ 나. 끝없는 하늘을 마음대로 날 수 있다.

☐ 다. 몽상가는 비행기를 좋아한다.

☐ 라. 끝없는 세계를 마음대로 상상할 수 있다.

3) 실천가라고 적힌 종이 위에서 장난감 망치를 들고 있는 것은 어떤 의미일까요?

☐ 가. 몽상을 현실로 바꾼다.

☐ 나. 비평에 굴하지 않는다.

☐ 다. 어려움을 장애로 여긴다.

☐ 라. 호기심을 가지고 창의성을 발휘한다.

4) 비평가라고 적힌 종이 위에서 장난감 나팔을 들고 있는 것은 어떤 의미일까요?

☐ 가. 작은 나팔을 가지고 마음껏 칭찬한다.

☐ 나. 작은 나팔을 가지고 마음껏 노래 부른다.

☐ 다. 작은 나팔을 가지고 마음껏 말한다.

☐ 라. 작은 나팔을 가지고 마음껏 비평한다.

5) 각각의 역할을 맡을 때마다 여러분은 어떤 태도를 가져야 할까요?

☐ 가. 끊임없이 태도를 바꾼다.

☐ 나. 집중해야 한다.

☐ 다. 자유로운 마음을 갖는다.

☐ 라. 몸을 편하게 한다.

6) 이 놀이는 언제 마무리하는 게 좋을까요?

☐ 가. 생각이 갑자기 바뀔 때

☐ 나. 생각의 수준이 갑자기 높아질 때

☐ 다. 생각이 없어질 때

☐ 라. 생각이 분명할 때

3 디즈니의 창의적 전략을 직접 해보자

여러분이 꿈꾸는 미래의 학교를 만들어보세요.

몽상가 ⓔ : 시험을 보지 않는다.

_____

_____

_____

_____

실천가 ⓔ : 로봇을 더 개발하여 로봇에게 선생님 역할을 맡긴다.

_____

_____

_____

_____

_____

비평가 ⓔ : 시험을 보지 않으면 공부한 것을 어떻게 점검할까?

_____

_____

_____

_____

_____

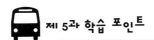

✓ 디즈니의 창의적 전략의 목적은 다양한 측면으로 접근해 최고의 아이디어를 뽑는 것이다. 몽상가, 실천가, 비평가들이 모여 제일 좋은 답안을 찾는 것이다.

✓ 디즈니 창의적 전략의 절차

– 주제를 정한다.

– 종이 세 장 위에 몽상가, 실천가, 비평가라 적고 바닥에 놓는다.

– 각각의 역할을 상징하는 작은 물건을 들고 종이 위에 서서 그 역할에 집중한다.

– 아무 종이나 밟고 역할을 바꾸되 생각이 없어질 때까지는 움직이지 않는다.

성공사례 및 연습문제

창의적인 생각은 선택의 폭을 넓힌다

선택의 폭이 넓어질수록 성공의 기회도 많아진다

1 꿈의 공장 디즈니랜드

디즈니랜드는 어른과 아이 모두를 위한 꿈의 공장이에요. 그런 디즈니랜드는 어떻게 만들어졌을까요? 평소에 월트 디즈니는 아이들만 즐기고 어른들은 옆에서 구경만하는 오락시설에 불만이 많았어요. 그래서 그는 어른, 아이할 것 없이 모두가 즐길 수 있는 꿈의 공장 디즈니랜드를 구상하기 시작했어요. 큰 폭포와 강, 동화 속에 나오는 집, 미래의 우주 등등…. 그리고 1955년, 우여곡절 끝에 그는 미국 로스앤젤레스에 디즈니랜드를 건설했어요. 이 꿈의 공장에 대한 소식은 발 빠르게 미국 전역으로 퍼졌고 얼마 후 디즈니랜드는 세계적인 명소가 됐답니다.

월트 디즈니는 미래에 대한 끝없는 생각과 꿈으로 가득 차 있던 몽상가였어요. '꿈, 믿음, 용기, 실천' 이 네 가지 신념은 그가 몇 십 년 동안이나 놀라운 성과를 낼 수 있었던 힘이었지요. 또 그는 꿈을 실현해낸 아름다운 사람이에요. 그가 사람들을 더욱 감동시킨 건 꿈을 추구하는 열정과 불가능에 도전하는 용기였어요. 이 용기 역시 디즈니가 줄곧 성공적인 지위를 유지한 또 하나의 힘이랍니다.

01 디즈니랜드는 어른과 아이들 모두에게 어떠한 곳인가요?

    ☐ 가. 식물원

    ☐ 나. 동화 속 세계

    ☐ 다. 꿈의 공장

    ☐ 라. 시장

02 월트 디즈니는 왜 디즈니랜드를 만들려고 했나요?

    ☐ 가. 제대로 설치되지 않은 오락시설이 불만이었기 때문에

    ☐ 나. 열악한 환경과 서비스가 불만이었기 때문에

    ☐ 다. 아이들만 즐기고 어른들은 옆에서 지켜만 봐야 하는 상황이 불만이었기 때문에

    ☐ 라. 아이들이 마음껏 즐기지 못하는 것이 불만이었기 때문에

03 디즈니랜드는 언제 만들어졌나요?

    ☐ 가. 1955년

    ☐ 나. 1956년

    ☐ 다. 1957년

    ☐ 라. 1958년

04 디즈니랜드는 미국의 어느 도시에서 제일 처음 만들어졌나요?

    ☐ 가. 뉴욕

    ☐ 나. 보스턴

    ☐ 다. 워싱턴

    ☐ 라. 로스앤젤레스

CHAPTER 6

05 디즈니랜드의 꿈과 환상의 왕국은 어떻게 구상되었나요?

□ 가. 창의적인 생각으로

□ 나. 고대시대를 모방하여

□ 다. 외국사례를 참고하여

□ 라. 미래를 상상하여

06 월트 디즈니는 어떤 사람이라고 할 수 있나요?

□ 가. 음악가

□ 나. 예술가

□ 다. 은행가

□ 라. 몽상가

07 디즈니에게 엄청난 성공을 안겨준 네 가지 신념이 무엇인가요?

□ 가. 꿈, 믿음, 용기, 긍정

□ 나. 꿈, 믿음, 열정, 실천

□ 다. 꿈, 믿음, 용기, 실천

□ 라. 꿈, 열정, 용기, 실천

08 디즈니랜드는 어떤 명소가 되었나요?

□ 가. 로스앤젤레스에서만 유명한 명소

□ 나. 세계적인 명소

□ 다. 미국에서만 유명한 명소

□ 라. 일본에서만 유명한 명소

09 월트 디즈니는 무엇을 이루었나요?

    ☐ 가. 완벽한 공원을 만든다.

    ☐ 나. 신념을 지킨다.

    ☐ 다. 완벽한 천국을 만든다.

    ☐ 라. 꿈을 실현한다.

10 여러분은 디즈니의 성공에서 무엇을 배웠나요?(정답을 모두 고르세요)

    ☐ 가. 더 큰 공원을 만든다.

    ☐ 나. 꿈을 가진다.

    ☐ 다. 자신의 일을 남에게 부탁한다.

    ☐ 라. 노력해서 꿈을 이룬다.

    ☐ 마. 큰 도전은 하지 않는다.

    ☐ 바. 디즈니랜드보다 더 신기한 꿈의 공장을 설계한다.

    ☐ 사. 미래를 상상한다.

    ☐ 아. 기타 _____

2 창의 사고 놀이

만약 전기가 없다면 세상은 어떻게 될까요?

_____

_____

_____

_____

_____

_____

_____

3 창의 사고 이야기

수영복을 입은 한 남자가 야외에서 엉덩방아를 찧고 아파하고 있어요. 그런데 이상하게도 주변에서는 물을 찾아볼 수가 없네요. 왜 이 남자가 엉덩방아를 찧었는지 이야기를 만들어보세요.

_____

_____

_____

_____

_____

4 창의 사고 문제

여덟 개의 동전을 사각형 모양으로 배치해놓았어요. 동전 네 개를 더 놓아 변마다 동전 다섯 개가 되게 해보세요.

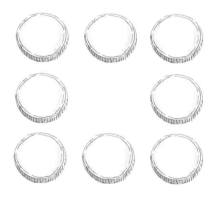

5 창의 사고 활동

낡은 옷과 못 쓰는 액세서리로 아름다운 옷을 만들어보세요.

창의 사고 방법 : 3) SCAMPER 기법

창의적인 생각이란 여러 사람들의 의견으로 일을 처리하는 것이며 결코 대단한 것은 아니다

SCAMPER는 밥 에버럴*Bob Eberle*이 1971년에 내놓은 창의력 촉진방법입니다. 간단한 질문들의 체크리스트로 이루어진 이 방법은 어떤 안건을 찾고 모든 사항에 질문을 던져 새롭고 신선한 아이디어를 구성하기 위한 문제해결팀에서 사용할 수 있습니다. 문제해결팀은 종종 SCAMPER 질문에 응답을 하면서 많은 해결방법을 내놓기도 합니다.

1 SCAMPER 기법이란?

SCAMPER에는 다음과 같은 창의 사고의 방법들이 숨어 있어요.

〈S〉: Substitute – 대체할 수 있는가?

　　　Simplify – 간단하게 할 수 있는가?

　　　㉀ 종이컵으로 유리컵을 대체

〈C〉: Combine – 결합할 수 있는가?

　　　㉀ 복사기와 전화기가 합쳐서 팩스기가 되었다.

〈A〉: Adapt – 적용할 수 있는가?

　　　㉀ 물에서도 움직일 수 있는 비행기를 만든다.

〈M〉: Modify – 수정할 수 있는가?

　　　Magnify – 확대할 수 있는가?

　　　㉀ 보통 화장지를 엠보싱 화장지로 만든다.

〈P〉: Put to other uses - 다른 용도로 쓸 수 있는가?

> 예 컴퓨터를 텔레비전으로 대체한다.

〈E〉: Eliminate - 없앨 수 있는가?

Minify - 축소할 수 있는가?

> 예 무선인터넷(전화선을 없앤다)

〈R〉: Reverse - 반대로 할 수 있는가?

Rearrange - 재배열할 수 있는가?

> 예 낡은 옷을 뒤집어 새로운 형태의 옷으로 만든다.

01 〈R〉은 어떻게 새로운 아이디어를 내놓는 창의 사고인가요?

☐ 가. Reverse(반대)와 Report(보고)

☐ 나. Reverse(반대)와 Rearrange(재배열)

☐ 다. Repeat(반복)와 Report(보고)

☐ 라. Reverse(반대)와 Repeat(반복)

02 〈A〉는 어떻게 새로운 아이디어를 내놓는 창의 사고인가요?

☐ 가. Adopt(채용)

☐ 나. After(이후 또는 후에)

☐ 다. Again(다시 또는 자주)

☐ 라. Adapt(적용)

03 〈S〉는 어떻게 새로운 아이디어를 내놓는 창의 사고인가요?

☐ 가. Substitute(대체)와 Simplify(간소화)

☐ 나. Supply(공급)와 Simplify(간소화)

☐ 다. Substitute(대체)와 Supply(공급)

☐ 라. Substitute(대체)와 Stop(정지)

04 〈P〉는 어떻게 새로운 아이디어를 내놓는 창의 사고인가요?

☐ 가. Put to other places(위치변경)

☐ 나. Put to other people(인원변경)

☐ 다. Put to other ways(방향변경)

☐ 라. Put to other uses(용도변경)

05 〈M〉은 어떻게 새로운 아이디어를 내놓는 창의 사고인가요?

☐ 가. Monitor(감독제어)와 Magnify(확대)

☐ 나. Modify(수정)와 Magnify(확대)

☐ 다. Modify(수정)와 Make(제조)

☐ 라. Modify(수정)와 Manage(관리)

06 〈C〉는 어떻게 새로운 아이디어를 내놓는 창의 사고인가요?

☐ 가. Complete(완성)

☐ 나. Complain(불평)

☐ 다. Combine(결합)

☐ 라. Compose(작곡)

07 〈E〉는 어떻게 새로운 아이디어를 내놓는 창의 사고인가요?

    ☐ 가. Examinate(검사)와 Minify(축소)

    ☐ 나. Explain(설명)와 Make(제조)

    ☐ 다. Exchange(교환)와 Magnify(확대)

    ☐ 라. Eliminate(제거)와 Minify(축소)

2 SCAMPER기법 이해하기

다음의 새로운 방법과 서로 일치하는 창의 사고의 방법을 찾으세요.

01 사진촬영이 되는 핸드폰을 만든다.

    ☐ 가. Substitute(대체)와 Simplify(간소화)

    ☐ 나. Combine(결합)

    ☐ 다. Adapt(적용)

    ☐ 라. Modify(수정)와 Magnify(확대)

    ☐ 마. Put to other uses(용도변경)

    ☐ 바. Eliminate(제거)와 Minify(축소)

    ☐ 사. Reverse(반대)와 Rearrange(재배열)

02 어른도 쓸 수 있는 어린이 바디클렌저

    ☐ 가. Substitute(대체)와 Simplify(간소화)

    ☐ 나. Combine(결합)

    ☐ 다. Adapt(적용)

    ☐ 라. Modify(수정)와 Magnify(확대)

    ☐ 마. Put to other uses(용도변경)

    ☐ 바. Eliminate(제거)와 Minify(축소)

    ☐ 사. Reverse(반대)와 Rearrange(재배열)

03 맥도날드가 주유소 옆에 체인점을 개설했다.

    ☐ 가. Substitute(대체)와 Simplify(간소화)

    ☐ 나. Combine(결합)

    ☐ 다. Adapt(적용)

    ☐ 라. Modify(수정)와 Magnify(확대)

    ☐ 마. Put to other uses(용도변경)

    ☐ 바. Eliminate(제거)와 Minify(축소)

    ☐ 사. Reverse(반대)와 Rearrange(재배열)

04 온도계를 인체에 적용한 체온계를 만든다.

    ☐ 가. Substitute(대체)와 Simplify(간소화)

    ☐ 나. Combine(결합)

    ☐ 다. Adapt(적용)

    ☐ 라. Modify(수정)와 Magnify(확대)

    ☐ 마. Put to other uses(용도변경)

    ☐ 바. Eliminate(제거)와 Minify(축소)

    ☐ 사. Reverse(반대)와 Rearrange(재배열)

05 서로 다른 과일 맛의 차를 섞는다.

    ☐ 가. Substitute(대체)와 Simplify(간소화)

    ☐ 나. Combine(결합)

    ☐ 다. Adapt(적용)

    ☐ 라. Modify(수정)와 Magnify(확대)

    ☐ 마. Put to other uses(용도변경)

    ☐ 바. Eliminate(제거)와 Minify(축소)

    ☐ 사. Reverse(반대)와 Rearrange(재배열)

06 MP3로 CD를 대신한다.

☐ 가. Substitute(대체)와 Simplify(간소화)

☐ 나. Combine(결합)

☐ 다. Adapt(적용)

☐ 라. Modify(수정)와 Magnify(확대)

☐ 마. Put to other uses(용도변경)

☐ 바. Eliminate(제거)와 Minify(축소)

☐ 사. Reverse(반대)와 Rearrange(재배열)

07 햄버거의 크기를 늘려 슈퍼햄버거로 만든다.

☐ 가. Substitute(대체)와 Simplify(간소화)

☐ 나. Combine(결합)

☐ 다. Adapt(적용)

☐ 라. Modify(수정)와 Magnify(확대)

☐ 마. Put to other uses(용도변경)

☐ 바. Eliminate(제거)와 Minify(축소)

☐ 사. Reverse(반대)와 Rearrange(재배열)

08 슈퍼마켓에서 장바구니를 카트로 대신한다.

☐ 가. Substitute(대체)와 Simplify(간소화)

☐ 나. Combine(결합)

☐ 다. Adapt(적용)

☐ 라. Modify(수정)와 Magnify(확대)

☐ 마. Put to other uses(용도변경)

☐ 바. Eliminate(제거)와 Minify(축소)

☐ 사. Reverse(반대)와 Rearrange(재배열)

09 레몬으로 방 안에 향긋한 향기를 유지한다.

 ☐ 가. Substitute(대체)와 Simplify(간소화)

 ☐ 나. Combine(결합)

 ☐ 다. Adapt(적용)

 ☐ 라. Modify(수정)와 Magnify(확대)

 ☐ 마. Put to other uses(용도변경)

 ☐ 바. Eliminate(제거)와 Minify(축소)

 ☐ 사. Reverse(반대)와 Rearrange(재배열)

10 컴퓨터시스템의 해커를 제거하는 훈련이 컴퓨터시스템을 방어하는 전문가를 만든다.

 ☐ 가. Substitute(대체)와 Simplify(간소화)

 ☐ 나. Combine(결합)

 ☐ 다. Adapt(적용)

 ☐ 라. Modify(수정)와 Magnify(확대)

 ☐ 마. Put to other uses(용도변경)

 ☐ 바. Eliminate(제거)와 Minify(축소)

 ☐ 사. Reverse(반대)와 Rearrange(재배열)

11 인라인 스케이트(신발에 바퀴를 단다)

 ☐ 가. Substitute(대체)와 Simplify(간소화)

 ☐ 나. Combine(결합)

 ☐ 다. Adapt(적용)

 ☐ 라. Modify(수정)와 Magnify(확대)

 ☐ 마. Put to other uses(용도변경)

 ☐ 바. Eliminate(제거)와 Minify(축소)

 ☐ 사. Reverse(반대)와 Rearrange(재배열)

12 봉고차를 개조하여 7인 가정용 여행차로 만든다.

☐ 가. Substitute(대체)와 Simplify(간소화)

☐ 나. Combine(결합)

☐ 다. Adapt(적용)

☐ 라. Modify(수정)와 Magnify(확대)

☐ 마. Put to other uses(용도변경)

☐ 바. Eliminate(제거)와 Minify(축소)

☐ 사. Reverse(반대)와 Rearrange(재배열)

13 컨테이너를 이동사무실로 활용한다.

☐ 가. Substitute(대체)와 Simplify(간소화)

☐ 나. Combine(결합)

☐ 다. Adapt(적용)

☐ 라. Modify(수정)와 Magnify(확대)

☐ 마. Put to other uses(용도변경)

☐ 바. Eliminate(제거)와 Minify(축소)

☐ 사. Reverse(반대)와 Rearrange(재배열)

14 단층버스를 2층버스로 개조한다.

☐ 가. Substitute(대체)와 Simplify(간소화)

☐ 나. Combine(결합)

☐ 다. Adapt(적용)

☐ 라. Modify(수정)와 Magnify(확대)

☐ 마. Put to other uses(용도변경)

☐ 바. Eliminate(제거)와 Minify(축소)

☐ 사. Reverse(반대)와 Rearrange(재배열)

15 만년필 대신 볼펜을 쓴다.

　　□ 가. Substitute(대체)와 Simplify(간소화)

　　□ 나. Combine(조합)

　　□ 다. Adapt(개선 또는 발전)

　　□ 라. Modify(수정), Magnify(확대), Minify(축소)

　　□ 마. Put to other uses(용도변경)

　　□ 바. Eliminate(제거)

　　□ 사. Reverse(역전)과 Rearrange(새로 배치)

16 컴퓨터 회사 델*Dell*의 혁신적인 판매방법 – 판매점을 거치지 않고 컴퓨터를 직접 고객에게 판매한다.

　　□ 가. Substitute(대체)와 Simplify(간소화)

　　□ 나. Combine(결합)

　　□ 다. Adapt(적용)

　　□ 라. Modify(수정)와 Magnify(확대)

　　□ 마. Put to other uses(용도변경)

　　□ 바. Eliminate(제거)와 Minify(축소)

　　□ 사. Reverse(반대)와 Rearrange(재배열)

17 샴푸와 린스가 같이 들어 있는 샴푸

　　□ 가. Substitute(대체)와 Simplify(간소화)

　　□ 나. Combine(결합)

　　□ 다. Adapt(적용)

　　□ 라. Modify(수정)와 Magnify(확대)

　　□ 마. Put to other uses(용도변경)

　　□ 바. Eliminate(제거)와 Minify(축소)

　　□ 사. Reverse(반대)와 Rearrange(재배열)

18 핸드폰이 유선전화를 대체한다.

    ☐ 가. Substitute(대체)와 Simplify(간소화)

    ☐ 나. Combine(결합)

    ☐ 다. Adapt(적용)

    ☐ 라. Modify(수정)와 Magnify(확대)

    ☐ 마. Put to other uses(용도변경)

    ☐ 바. Eliminate(제거)와 Minify(축소)

    ☐ 사. Reverse(반대)와 Rearrange(재배열)

19 물의 수압을 이용한 샤워마사지

    ☐ 가. Substitute(대체)와 Simplify(간소화)

    ☐ 나. Combine(결합)

    ☐ 다. Adapt(적용)

    ☐ 라. Modify(수정)와 Magnify(확대)

    ☐ 마. Put to other uses(용도변경)

    ☐ 바. Eliminate(제거)와 Minify(축소)

    ☐ 사. Reverse(반대)와 Rearrange(재배열)

20 포켓사전

    ☐ 가. Substitute(대체)와 Simplify(간소화)

    ☐ 나. Combine(결합)

    ☐ 다. Adapt(적용)

    ☐ 라. Modify(수정)와 Magnify(확대)

    ☐ 마. Put to other uses(용도변경)

    ☐ 바. Eliminate(제거)와 Minify(축소)

    ☐ 사. Reverse(반대)와 Rearrange(재배열)

21 조그만 잡화점에서 대형백화점으로 발전

    ☐ 가. Substitute(대체)와 Simplify(간소화)

    ☐ 나. Combine(결합)

    ☐ 다. Adapt(적용)

    ☐ 라. Modify(수정)와 Magnify(확대)

    ☐ 마. Put to other uses(용도변경)

    ☐ 바. Eliminate(제거)와 Minify(축소)

    ☐ 사. Reverse(반대)와 Rearrange(재배열)

22 효율적인 복합기(스캐너, 프린터, 팩스가 하나로)

    ☐ 가. Substitute(대체)와 Simplify(간소화)

    ☐ 나. Combine(결합)

    ☐ 다. Adapt(적용)

    ☐ 라. Modify(수정)와 Magnify(확대)

    ☐ 마. Put to other uses(용도변경)

    ☐ 바. Eliminate(제거)와 Minify(축소)

    ☐ 사. Reverse(반대)와 Rearrange(재배열)

23 쓰고 남은 녹차잎으로 세수

    ☐ 가. Substitute(대체)와 Simplify(간소화)

    ☐ 나. Combine(결합)

    ☐ 다. Adapt(적용)

    ☐ 라. Modify(수정)와 Magnify(확대)

    ☐ 마. Put to other uses(용도변경)

    ☐ 바. Eliminate(제거)와 Minify(축소)

    ☐ 사. Reverse(반대)와 Rearrange(재배열)

24 CD가 플로피 디스크를 대체하여 자료를 저장한다.

□ 가. Substitute(대체)와 Simplify(간소화)

□ 나. Combine(결합)

□ 다. Adapt(적용)

□ 라. Modify(수정)와 Magnify(확대)

□ 마. Put to other uses(용도변경)

□ 바. Eliminate(제거)와 Minify(축소)

□ 사. Reverse(반대)와 Rearrange(재배열)

3 SCAMPER 기법으로 새로운 장남감캠핑카를 설계해보자

장남감캠핑카 설계

〈S〉 Substitute(대체)와 Simplify(간소화)

_____

_____

_____

_____

〈C〉   Combine(결합)

_____

_____

_____

_____

〈A〉   Adapt(적용)

_____

_____

_____

〈M〉   Modify(수정)와 Magnify(확대)

_____

_____

_____

〈P〉   Put to other uses(용도변경)

_____

_____

_____

〈E〉   Eliminate(제거)와 Minify(축소)

_____

_____

_____

〈R〉   Reverse(반대)와 Rearrange(재배열)

_____

_____

제 7과 학습 포인트

> SCAMPER 기법의 각 알파벳은 창의 사고의 방법을 대표한다.
>
> S : Substitute(대체)와 Simplify(간소화)
>
> C : Combine(결합)
>
> A : Adapt(적용)
>
> M : Modify(수정)와 Magnify(확대)
>
> P : Put to other uses(용도변경)
>
> E : Eliminate(제거)와 Minify(축소)
>
> R : Reverse(반대)와 Rearrange(재배열)

성공사례 및 연습문제

습관은 상상을 없앤다

1 주성치의 〈소림축구〉

　주성치는 재능이 뛰어난 코미디 스타로, 〈타임〉이 선정한 아시아에서 제일 인기 있는 배우예요. 최근에 개봉한 〈쿵푸〉는 한때 인기를 누렸던 〈소림축구〉에 이어 많은 관객들이 즐겨본 영화랍니다. 주성치가 만든 '넌센스영화'는 90년대부터 시작해 홍콩 코미디 영화의 독자적인 흐름을 형성했어요. 2001년에 그가 직접 감독과 각본, 주연, 제작까지 맡은 영화 〈소림축구〉는 홍콩영화사에서 역대 최고 흥행을 기록했고, 홍콩영화제에서도 상을 7개나 받았다고 해요.

　주성치는 '새로운 생각, 새로운 조합, 새로운 소재'가 영화 〈소림축구〉의 성공을 이끌었다고 말합니다. 많은 사람들이 소림쿵푸와 축구를 알고 있긴 하지만, 이 두 가지를 합치면 어떨까라는 생각은 하지 않았죠. 주성치는 이것이 바로 이 영화의 신비라고 얘기해요. 또 그는 〈쿵푸〉에서 하늘을 나는 듯한 상상력을 펼쳐 우스꽝스럽고 과장된 연기를 선보이는 등, 그 나름의 독특한 설정과 반전으로 쿵푸를 세상에 알렸어요.

주성치가 홍콩영화에 필요하다고 생각하는 것은 창의성이에요. 창의성에 대한 질문에 그는 이렇게 대답했어요. "나에게는 나만의 공식이 있어요. 많이 보고, 많이 듣고, 거기에 상상력을 더하는 거죠. 지금 당신에게 10개의 새로운 아이디어가 있다 해도, 결국 다 써버리면 없어지니까 반드시 보충해야 해요. 그리고 이러한 보충은 대부분 자신의 생활에서 나온답니다. 그렇기 때문에 열심히 생활해야 해요. 이렇게만 하면 새로운 아이디어가 늘 부족하지 않아요. 열심히 살고, 또 주변의 일에 대해 관심을 가지는 한 새로운 아이디어는 마르지 않는 샘물마냥 끊임없이 솟아날 것입니다." 라고요.

01 주성치는 어떤 장르에서 유명한 배우인가요?

☐ 가. 기이한 영화

☐ 나. 무술 영화

☐ 다. 코미디 영화

☐ 라. 슬픈 영화

02 주성치를 아시아에서 제일 인기 있는 배우로 선정한 언론사의 이름은 무엇인가요?

☐ 가. 〈타임〉

☐ 나. 〈뉴스위크〉

☐ 다. 〈포춘〉

☐ 라. 〈월스트리트 저널〉

03 그는 영화 〈소림축구〉에서 어떤 역할을 담당했나요?

☐ 가. 감독, 각본, 음향, 주연

☐ 나. 감독, 미술, 주연, 제작

☐ 다. 감독, 각본, 미술, 주연

☐ 라. 감독, 각본, 주연, 제작

04 홍콩영화사에서 〈소림축구〉가 흥행부문 최고 몇 위를 기록했나요?

☐ 가. 제1위

☐ 나. 제2위

☐ 다. 제3위

☐ 라. 제4위

05 영화 〈소림축구〉는 홍콩영화제에서 몇 개의 상을 받았나요?

☐ 가. 5개

☐ 나. 6개

☐ 다. 7개

☐ 라. 8개

06 주성치는 영화 〈소림축구〉가 성공한 원인을 무엇이라고 생각하나요?

☐ 가. 새로운 주연, 새로운 조합, 새로운 소재

☐ 나. 새로운 생각, 새로운 조합, 새로운 소재

☐ 다. 새로운 생각, 새로운 극장, 새로운 소재

☐ 라. 새로운 생각, 새로운 조합, 새로운 관객

07 영화 〈소림축구〉는 어떤 소재를 합친 영화인가?

☐ 가. 태권도 + 축구

☐ 나. 합기도 + 축구

☐ 다. 쿵푸 + 태권도

☐ 라. 축구 + 소림쿵푸

08 주성치는 어떤 방법으로 영화 〈쿵푸〉를 만들었는가?

☐ 가. 하늘을 나는 듯한 상상력과 코믹한 연기

☐ 나. 실제로 하늘을 날아다니는 등의 과장된 표현과 코믹함을 살린 연기

□ 다. 예술가의 혼을 살린 신비로운 연기

□ 라. 평범한 소재를 바탕으로 한 현실적인 연기

09 주성치가 홍콩영화에 필요하다고 생각한 것은 무엇인가요?

□ 가. 배우

□ 나. 재능

□ 다. 창의성

□ 라. 무대 세트

10 주성치는 창의성을 무엇이라고 말했나요?

□ 가. 아무 생각이나 상상하는 것

□ 나. 책만 보고 상상하는 것

□ 다. 많이 보고 듣기만 하는 것

□ 라. 많이 보고, 많이 듣고, 거기에 상상력을 더한 것

11 주성치는 새로운 아이디어를 어떻게 보충할 수 있다고 했나요?

□ 가. 몸을 계속 움직인다.

□ 나. 열심히 생활한다.

□ 다. 운동한다.

□ 라. 집중력을 발휘한다.

12 주성치는 아이디어가 부족한 이유를 무엇이라고 생각했나요?

□ 가. 열심히 공부하고, 주변 일에 관심을 가지기 때문이다.

□ 나. 열심히 일하고, 주변 사람들에게 관심을 가지기 때문이다.

□ 다. 열심히 생활하지 않고, 주변 일에 관심을 가지지 않기 때문이다.

□ 라. 다른 사람들에게 아이디어를 뺏기기 때문이다.

13 주성치는 열심히 살고 주변에 대해 관심을 가지면 새로운 아이디어가 어떻게 된다고 했나요?

　　□ 가. 믹서기마냥 끊임없이 섞일 것이다.

　　□ 나. 블랙홀마냥 끊임없이 빨아들일 것이다.

　　□ 다. 마르지 않는 샘물마냥 끊임없이 솟아날 것이다.

　　□ 라. 신기루마냥 끊임없이 사라질 것이다.

14 여러분은 주성치의 성공에서 무엇을 배웠나요?(정답을 모두 고르세요)

　　□ 가. 영화를 찍을 것이다.

　　□ 나. 유머로 쿵푸를 노래한다.

　　□ 다. 서로 다른 소재를 섞어서 새로운 소재를 만든다.

　　□ 라. 일반적인 생각을 따르지 않고 상상력을 펼친다.

　　□ 마. 열심히 생활하고 주변의 일에 관심을 가진다.

　　□ 바. 계속해서 나 자신을 바꿔간다.

　　□ 사. 소림쿵푸를 배운다.

　　□ 아. 기타 ＿＿＿＿＿＿＿＿＿＿＿＿＿＿＿

2 창의 사고 놀이

물이 담긴 컵이 있어요. 컵 안에 담긴 물을 어떻게 없앨 수 있을까요? 10가지 방법을 생각해보세요(주의 : 컵 입구는 무조건 위를 향해야 하고, 컵이 망가져서는 안 돼요).

3 창의 사고 이야기

한 남자가 운동장에서 농구를 하고 있어요. 만약 그 남자가 공을 손에서 놓게 되면 경찰이 체포한다고 하네요. 왜 경찰이 그 남자를 체포하는지 이야기를 만들어보세요.

---

4 창의 사고 문제

한 쌍둥이 형제가 있어요. 그런데 왜 해마다 동생이 형보다 먼저 생일을 맞이하는 걸까요?

---

5 창의 사고 활동

유행하는 잡지를 참고하여 요즘 시대에 가장 필요하다고 생각하는 새로운 제품을 만들어보세요.

창의 사고 방법 : 4) 속성열거법

미래에는 모든 꿈이 이루어 질 수 있다

속성열거법(Attribute Listing)은 로버트 크로포드 *Robert Crawford* 박사가 만든 아이디어 발상 기법입니다. 속성열거법은 문제가 되는 물건 또는 사건을 가능한 잘게 나누어서 새로운 아이디어를 얻기 쉽도록 하는 기법이에요. 자동차를 설계할 때 먼저 자동차의 몸체, 바퀴, 엔진 등 각 부분을 분리하고 생각하는 것처럼 말이에요.

1 속성열거법이란?

01 속성열거법의 기본원리

속성열거법의 기본원리는 마치 여러 개의 방이 있는 집을 인테리어하는 것과도 같아요. 건물 전체가 아닌 침실, 거실, 주방, 차고 등 각각의 방에 주의를 기울여 조금씩만 고치면 아름다운 건물이 되는 것처럼 말이에요.

02 특징 또는 속성설정

똑같은 사물이라고 해도 그것의 특징 또는 속성에 대한 생각은 사람들마다 다 달라요. 그렇기 때문에 자신이 말하는 것이 정확하고 확실한가는 고려하지 마세요. 아마도 여러분의 표현은 하나뿐일 테니까요. 속성열거법에서는 보통 사물을 세 가지 속성으로 나눠요.

① 명사적 속성 : 전체, 재료, 부품, 제조법

② 형용사적 속성 : 성질

③ 동사적 속성 : 기능

03 속성열거법의 순서

① 특징 또는 속성을 계속해서 말한다.

　　예 이것의 재료는 알루미늄, 동, 유리이다.

② 각각의 특징 또는 속성에 맞춰 개선방안을 낸다.

③ 각각의 방안을 평가하여 좋은 것을 고른다.

04 정답을 골라 □ 에 ✓하세요.

1) 속성열거법의 특징은 무엇인가요?

　□ 가. 어떤 물건과 사건의 특징과 속성을 열거한 다음 처리방법을 제시한다.

　□ 나. 어떤 물건과 사건의 특징과 속성을 열거한 다음 변화방법을 제시한다.

　□ 다. 어떤 물건과 사건의 특징과 속성을 열거한 다음 삭제방법을 제시한다.

　□ 라. 어떤 물건과 사건의 특징과 속성을 열거한 다음 개선방법을 제시한다.

2) 속성열거법의 기본원리는 마치 무엇과도 같나요?

　□ 가. 각 방을 고치고 나면 아름다운 차고가 된다.

　□ 나. 각 방을 고치고 나면 아름다운 침실이 된다.

　□ 다. 각 방을 고치고 나면 아름다운 건물이 된다.

　□ 라. 각 방을 고치고 나면 아름다운 거실이 된다.

3) 사람들이 말하는 사물 또는 사건의 특징은 모두 다를 수 있어요. 그 원인은 무엇일까요?

　　□ 가. 사람마다 사물을 보는 관점과 시각이 다르기 때문이다.

　　□ 나. 사람마다 다른 사물을 보기 때문이다.

　　□ 다. 사람마다 다른 말을 쓰기 때문이다.

　　□ 라. 사람마다 똑같은 사물을 볼 수 없기 때문이다.

4) 우리는 보통 사물을 세 가지 종류로 나누죠. 무엇일까요?

　　□ 가. 명사, 동사, 대명사

　　□ 나. 명사, 동사, 형용사

　　□ 다. 명사, 동사, 전치사

　　□ 라. 명사, 동사, 접속사

5) 속성열거법에는 몇 단계의 절차가 있나요?

　　□ 가. 2단계

　　□ 나. 3단계

　　□ 다. 4단계

　　□ 라. 5단계

2 속성열거법 이해하기

01 새로운 차를 설계하려고 해요. 다음 중 차의 특징 혹은 속성이 아닌 것은 무엇인가요?

　　□ 가. 운전대

　　□ 나. 타이어

☐ 다. 엔진

☐ 라. 화장실

☐ 마. 트렁크

☐ 바. 브레이크

02 새로운 볼펜을 만들려고 해요. 다음 중 볼펜의 특징 혹은 속성이 아닌 것은 무엇

인가요?

☐ 가. 스프링

☐ 나. 볼펜심

☐ 다. 운전대

☐ 라. 필기구

☐ 마. 플라스틱

☐ 바. 뚜껑

03 새로운 주전자를 만들려고 해요. 다음 중 주전자의 특징 혹은 속성이 아닌 것은

무엇인가요?

☐ 가. 뚜껑

☐ 나. 몸체

☐ 다. 손잡이

☐ 라. 주둥이

☐ 마. 금속

☐ 바. 엔진

04 새로운 자전거를 설계하려고 해요. 다음 중 자전거의 특징 혹은 속성이 아닌 것은 무엇인가요?

☐ 가. 운전대

☐ 나. 브레이크

☐ 다. 타이어

☐ 라. 날개

☐ 마. 체인

☐ 바. 페달

05 아이들을 새로운 방식으로 가르치려고 해요. 다음 중 가르치는 일의 특징 혹은 속성이 아닌 것은 무엇인가요?

☐ 가. 학생의 참여

☐ 나. 부피와 무게

☐ 다. 교육방법

☐ 라. 칠판

☐ 마. 학습교재

☐ 바. 교과서

06 새로운 음식점을 운영하려고 해요. 다음 중 음식점의 특징 혹은 속성이 아닌 것은 무엇인가요?

☐ 가. 월급

☐ 나. 종업원

☐ 다. 음식물 운송

☐ 라. 학생의 참여

☐ 마. 음식점 홍보

☐ 바. 위생관리

다음의 〈전구의 종류와 특징〉을 보고 답하세요.

종류	백열	할로겐	형광	나트륨	수은	네온관	EL램프
모양	공모양	원뿔모양	긴 원통	얇은 원통	길쭉한 공	얇은 관	평면
사용장소	화장실, 복도	전시관	가정	터널, 항만	가로등	간판	핸드폰
색깔	노랑	백색광	자연광	주황	노랑	다양함	다양함

07 전구의 종류는 몇 가지인가요?

☐ 가. 6가지

☐ 나. 7가지

☐ 다. 8가지

☐ 라. 9가지

08 형광등은 보통 어떤 모양으로 만들어지나요?

☐ 가. 공모양

☐ 나. 평면

☐ 다. 원뿔모양

☐ 라. 긴 원통

09 수은등이 주로 쓰이는 장소는 어디인가요?

☐ 가. 전시관

☐ 나. 간판

☐ 다. 핸드폰

☐ 라. 가로등

3 속성열거법을 직접 해보자

속성열거법을 이용해서 새 책상을 만들어보세요.

속성	속성변화(어떻게 바꿀까?)	속성	속성변화(어떻게 바꿀까?)
색깔		서랍	
재료		상판	
크기		측면	
모양		뒷면	
디자인		책상다리	
제작방법		스탠드	
가격		무게	
용도		대상	

 제 9과 학습 포인트

> ✓ 속성열거법으로 문제가 되는 물건 및 사건의 특징과 속성을 배열한 후 하나하나 고쳐나간다.
> ✓ 사람마다 관점과 시각이 다르기 때문에 특징과 속성에 대한 사람들의 생각도 모두 다르다.
> ✓ 보통 사물은 세 가지 속성으로 분류할 수 있다. − 명사, 형용사, 동사

10 성공사례 및 연습문제

모든 새로운 생각은 처음에는 황당하게 보인다

1 건축업계의 천재 이오 밍 페이

세계적으로 유명한 건축가 이오 밍 페이는 1917년 중국 광주에서 태어났어요. 그의 아버지는 중국은행 지점장을 맡았던 중국 금융계의 거물이었다고 해요. 이오 밍 페이는 유년 시절을 홍콩에서 보냈어요. 그는 상해 복단대학 부속중학교를 졸업하고 미국으로 건너가 펜실베니아대학교 건축학부에 입학했다가 다시 MIT공대에서 건축설계를 공부했어요. 그리고 1946년에 하버드대학교에서 건축학 석사학위를 받았어요.

이오 밍 페이는 1983년 '건축업계의 노벨상'이라고 불리는 프리츠커상을 받아 세계적인 건축가로 인정받았어요. 1991년에는 미국 건축학회에서 출판하는 잡지 〈아키텍처〉에 전 세계에서 가장 존경받는 건축가로 선정되었죠. 그의 작품들은 대부분 건축물과 자연이 조화하는 형태로 만들어졌어요. 그는 '간단한 것이 아름답다'라는 생각을 기초로 건축물의 안과 밖의 공간을 연결하고, 빛과 공간의 조화를 이뤄, 경관을 여러 가지 형태로 변화시키는 데에 뛰어난 실력을 보였어요. 50년 인생에서 이오 밍 페이는 많은 작품들을 남겼어요. 홍콩 중국

은행 빌딩, 프랑스 파리의 루브르박물관 피라미드, 하버드대학교의 케네디도서관 등이 바로 그의 작품이에요. 처음에는 많은 사람들이 이오 밍 페이가 만든 건축물들을 이해하지 못하고 비난했어요. 예를 들면 루브르박물관 피라미드를 설계할 때 프랑스 사람들은 그가 '프랑스 미인'의 아름다움을 훼손한다고 불만을 드러냈어요. 하지만 건물이 완성되는 동안 프랑스 사람들의 불만은 점점 줄어들었고, 오히려 사각뿔 형태의 건축물에 반하여 빠져들게 되었어요. 결국 루브르박물관 피라미드는 '루브르 궁전에서 날아오는 거대한 보석'이라고 불리며 이오 밍 페이에게 프랑스 대통령 훈장을 안겨주었답니다. 이오 밍 페이는 건축의 목적을 사람들의 눈을 즐겁게 해주는 것뿐만 아니라 생활의 질을 높여야 하는 것이라고 생각했어요. 또 건축은 세월이 주는 시련을 이겨내야 한다고 여겼어요. 모든 것들은 세월이 지나면 다 없어지기 마련이지만 좋은 건축물은 오래오래 남을 수 있다는 그의 확고한 신념이죠.

어느덧 이오 밍 페이는 80살을 넘었지만 그의 창작활동은 지금도 계속되고 있어요. 그는 현재 고향인 소주의 박물관 신관을 설계하고 있어요. 자신에게 주어진 시간 동안 고향에 자신의 작품을 남기는 것이 소원이라고 합니다.

01 이오 밍 페이가 태어난 곳은 어디인가요?

☐ 가. 홍콩

☐ 나. 북경

☐ 다. 상해

☐ 라. 광주

02 이오 밍 페이는 어디에서 유년시절을 보냈나요?

☐ 가. 광주

☐ 나. 홍콩

☐ 다. 북경

☐ 라. 상해

03 이오 밍 페이가 처음으로 들어간 대학교는 어디인가요?

  □ 가. 아메리카대학

  □ 나. 캘리포니아대학

  □ 다. 펜실베니아대학

  □ 라. 하버드대학

04 1946년, 이오 밍 페이는 어느 대학교에서 건축학 석사학위를 받았나요?

  □ 가. 옥스퍼드대학교

  □ 나. 하버드대학교

  □ 다. 예일대학교

  □ 라. 뉴욕대학교

05 이오 밍 페이는 언제 '건축업계의 노벨상'이라고 불리는 프리츠커상을 받았나요?

  □ 가. 1980년

  □ 나. 1981년

  □ 다. 1982년

  □ 라. 1983년

06 이오 밍 페이는 어느 잡지에서 세계적으로 인정받는 건축가로 선정되었나요?

  □ 가. 〈타임〉

  □ 나. 〈뉴스위크〉

  □ 다. 〈라이프〉

  □ 라. 〈아키텍쳐〉

07 이오 밍 페이가 만든 작품들은 주로 어떤 형태인가요?

　□ 가. 건축물과 실내공간의 융합

　□ 나. 건축물과 건축자재의 융합

　□ 다. 건축물과 자연의 융합

　□ 라. 건축물과 건축물의 융합

08 이오 밍 페이는 어떤 것이 가장 아름답다고 생각했나요?

　□ 가. 간단한 것이 아름답다.

　□ 나. 복잡한 것이 아름답다.

　□ 다. 색깔이 옅은 것이 아름답다.

　□ 라. 색깔이 진한 것이 아름답다.

09 이오 밍 페이가 추구했던 건축물의 내부 공간과 외부 공간의 연결, 빛과 공간의 조화는 경관에 어떤 효과를 주었나요?

　□ 가. 아름답게 보이는 효과

　□ 나. 다양한 변화를 일으키는 효과

　□ 다. 눈이 부시는 효과

　□ 라. 아무런 효과 없다

10 홍콩에 있는 이오 밍 페이의 작품은 무엇인가요?

　□ 가. 시티은행 빌딩

　□ 나. CHASE은행 빌딩

　□ 다. 스위스은행 빌딩

　□ 라. 홍콩 중국은행 빌딩

11 이오 밍 페이의 작품 중 루브르박물관 피라미드는 어느 나라에 있나요?

　　□ 가. 독일

　　□ 나. 미국

　　□ 다. 프랑스

　　□ 라. 영국

12 루브르박물관 피라미드는 어떤 형태로 지어졌나요?

　　□ 가. 반원 모양

　　□ 나. 사각뿔 모양

　　□ 다. 반타원 모양

　　□ 라. 정사각형 모양

13 사람들은 이오 밍 페이의 작품들에 대해 처음에는 어떤 반응을 보였나요?

　　□ 가. 좋게 평가했다.

　　□ 나. 잘 받아들였다.

　　□ 다. 받아들이지 않았다.

　　□ 라. 나쁘게 평가했다.

14 이오 밍 페이가 설계한 루브르박물관 피라미드에 대해 프랑스 사람들이 처음 보인 반응은 무엇이었나요?

　　□ 가. 루브르박물관을 더욱 돋보이게 한다.

　　□ 나. 루브르박물관의 가치를 더 높게 한다.

　　□ 다. 프랑스 미인을 유혹한다.

　　□ 라. 프랑스 미인의 모습을 훼손했다.

15 사람들은 루브르박물관 피라미드가 완성된 후 어떻게 불렀나요?

　　□ 가. 루브르 궁전에서 날아온 거대한 보석

　　□ 나. 루브르 궁전에서 날아온 거대한 돌

　　□ 다. 루브르 궁전에서 날아온 거대한 산

　　□ 라. 루브르 궁전에서 날아온 거대한 광석

16 루브르박물관 피라미드를 설계한 이오 밍 페이는 결국 어떤 영예를 얻었나요?

　　□ 가. 프랑스 디자인 컨테스트 대상

　　□ 나. 프랑스 문화관광부 장관상

　　□ 다. 프랑스 대통령 훈장

　　□ 라. 프랑스 국무총리상

17 이오 밍 페이가 생각한 건축의 목적은 무엇인가요?

　　□ 가. 사람들의 생활수준을 높인다.

　　□ 나. 사람들의 취미생활을 고려한다.

　　□ 다. 사람들의 감정을 자극한다.

　　□ 라. 건축물의 가치를 높인다.

18 이오 밍 페이는 건축물이 견뎌야 할 시련은 무엇이라고 생각했나요?

　　□ 가. 문화

　　□ 나. 공간

　　□ 다. 시간

　　□ 라. 자연

19 이오 밍 페이는 고향을 위해 어떤 건물을 설계하고 있나요?

☐ 가. 부모님에게 바칠 집

☐ 나. 마을회관

☐ 다. 국립도서관

☐ 라. 소주박물관 신관

20 여러분은 이오 밍 페이의 성공에서 무엇을 배웠나요?(정답을 모두 고르세요)

☐ 가. 열심히 공부해서 실력을 높인다.

☐ 나. 신념을 지킨다.

☐ 다. 비판을 듣고 낙심하지 않는다.

☐ 라. 중국은행 빌딩을 설계한다.

☐ 마. 무조건 열심히 일만 한다.

☐ 바. 후손을 위해 아름다운 유산을 남긴다.

☐ 사. 고향을 위해 박물관을 설계한다.

☐ 아. 기타 _____

2 창의 사고 놀이

어떻게 하면 63빌딩 꼭대기에서 안전하고 신속하게 1층까지 내려올 수 있을까요?
10가지 방법을 써보세요.

_____ _____

_____ _____

_____ _____

_____ _____

_____ _____

3 창의 사고 이야기

어느 날, 사냥꾼이 산에서 호랑이 한 마리를 잡았어요. 그런데 그 사냥꾼은 후회를 하다가 결국 생명을 잃게 되었다고 해요. 왜 그렇게 되었을지 이야기를 만들어보세요.

_____

_____

_____

_____

4 창의 사고 문제

검정색 연필로 종이 위에 흰색의 글자를 쓰려면 어떻게 해야 할까요?

_____

_____

_____

_____

5 창의 사고 활동

오래된 신문이나 잡지에서 여러분이 좋아하는 그림을 오린 뒤 순서를 정해 붙이세요. 그리고 그 순서대로 이야기를 만들어보세요.

11 │ 창의 사고 방법 : 5) 연상사고법

나의 발명 중 우연히 얻어진 것은 없었다. 그것은 꾸준하고 성실히 일해서 이룩한 것이다

– 에디슨

사람들은 작은 일에서 큰 깨달음을 얻기 때문에 '연상'은 매우 중요해요. 연상을 통해 우리는 뛰어난 음악을 만들기도 하고, 순간적으로 무언가를 깨닫기도 해요. 작은 실오라기 같은 희망 속에서 닫혀 있던 마음을 여는 사람들도 있고, 우울한 기분을 활기찬 기분으로 바꾸는 사람도 있어요. 이처럼 연상은 우리들로 하여금 오색찬란한 현상을 볼 수 있게 하고, 마음속의 생각이나 감정들을 깨닫게 할 뿐만 아니라 무언가를 발명할 수도 있게 한답니다.

1 연상사고(Associate Thinking)란?

연상사고란 한 사물로부터 시작해서 다른 사물까지 생각해내는 사고방식이에요. 다시 말하면 서로 다른 개념을 연결하여 새로운 생각을 만들어내는 방법이지요. 이를테면 뉴턴이 사과가 떨어지는 것을 보고 우주의 만유인력을 발명한 것도 연상사고라고 할 수 있어요. 연상사고는 시·공간의 제약과 효능의 여부에 상관없이 서로 다른 특징

을 지닌 요소나 사물들을 연결하는 거예요. 서로 어울리지 않는 소와 말, 물과 불 등을 보고 서로 상극인 사물을 연상하는 것처럼 말이에요. 연상의 소재는 영상, 문자(文字), 냄새, 맛 등이 있답니다.

01 연상이 우리에게 주는 좋은 점은 무엇인가요?(정답을 모두 고르세요)

    □ 가. 우울한 기분을 밝게 한다.

    □ 나. 글의 소재를 계속 만들어낸다.

    □ 다. 발명을 돕는다.

    □ 라. 어려움을 이겨낼 수 있다.

    □ 마. 깊이 생각하게 한다.

    □ 바. 뛰어난 음악을 만들 수 있다.

    □ 사. 아름다운 세계를 묘사할 수 있다.

    □ 아. 중대한 비밀을 밝혀낸다.

    □ 자. 새로운 희망을 준다.

02 연상사고란 무엇인가?

    □ 가. 두 개의 같은 개념을 나누어 얻어낸 생각

    □ 나. 두 개의 다른 개념을 나누어 얻어낸 생각

    □ 다. 두 개의 다른 개념을 연결하여 얻어낸 생각

    □ 라. 두 개의 같은 개념을 연결하여 얻어낸 생각

2 연상사고의 유형

01 연상사고는 시작부터 결과까지 그 과정에 변화가 많아요. 연상사고는 6가지 유형으로 분류할 수 있어요.

    ① 자유연상 : 이것은 어떠한 제약도 받지 않는 연상으로서, 편안한 연상이라고도 한다. 그 과정에 어떠한 제한도 없기 때문에 연상의 범위가 가장 넓고 그 효율도 높다.

    ② 생체모방연상 : 생물의 생리기능과 구조적인 특징을 보면서 다른 무언가를

연상한다. 생물로부터 문제해결방법을 찾는다(예 거북선은 거북의 외형을 모방한 것이다).

③ 유사연상 : 어떤 사건이나 사물을 생각하거나 목격한 이후, 그것과 형태·색깔·특징·기능 등이 유사한 다른 개념을 연상한다 (예 나비 → 리본).

④ 접근연상 : 시간적·공간적으로 연결되어 있는 개념을 연상한다(예 기사 → 승객, 배우 → 영화).

⑤ 반대연상 : 서로 상반되거나 모순되는 개념을 연상한다(예 흑 → 백, 뚱뚱한 것 → 마른 것).

⑥ 모방제작연상 : 사물의 형태로부터 새로운 개념을 연상한다(예 바나나 모양 전화기).

02 각각의 사례에 해당하는 연상사고의 유형을 골라보세요(정답을 모두 고르세요).

1) 한 의사는 아버지가 술통을 두드려서 나는 소리로 술이 얼마나 남아있는지를 예측하는 것을 보고, 환자의 가슴을 두드려서 가슴 속에 피고름이 있는지를 진단하는 '타진법'을 연상했다.

☐ 가. 자유연상

☐ 나. 생체모방연상

☐ 다. 유사연상

☐ 라. 접근연상

☐ 마. 반대연상

☐ 바. 모방제작연상

2) 농민들의 농기구인 써레에서 영감을 받아 면도날을 발명했다.

　　□ 가. 자유연상

　　□ 나. 생체모방연상

　　□ 다. 유사연상

　　□ 라. 접근연상

　　□ 마. 반대연상

　　□ 바. 모방제작연상

3) 돌고래의 매끄러운 유선형 체형을 보고 잠수함을 발명했다.

　　□ 가. 자유연상

　　□ 나. 생체모방연상

　　□ 다. 유사연상

　　□ 라. 접근연상

　　□ 마. 반대연상

　　□ 바. 모방제작연상

4) 박쥐가 초음파를 발사하는 원리로 방공 레이더를 만들었다.

　　□ 가. 자유연상

　　□ 나. 생체모방연상

　　□ 다. 유사연상

　　□ 라. 접근연상

　　□ 마. 반대연상

　　□ 바. 모방제작연상

5) 작곡가 슈베르트는 셰익스피어의 시를 보고 세레나데를 작곡했다.

□ 가. 자유연상

□ 나. 생체모방연상

□ 다. 유사연상

□ 라. 접근연상

□ 마. 반대연상

□ 바. 모방제작연상

6) 캔화분의 아이디어는 통조림을 여는 데에서 얻었다.

□ 가. 자유연상

□ 나. 생체모방연상

□ 다. 유사연상

□ 라. 접근연상

□ 마. 반대연상

□ 바. 모방제작연상

7) 톱은 메뚜기의 이빨을 보고 만들었다.

□ 가. 자유연상

□ 나. 생체모방연상

□ 다. 유사연상

□ 라. 접근연상

□ 마. 반대연상

□ 바. 모방제작연상

8) 청진기는 아이들이 노는 모습 – 나무를 사이에 두고 한 아이는 나무의 한쪽 면을 두드리고 있고 다른 아이는 다른 쪽에서 귀를 대고 소리를 듣고 있는 상황 – 에서 연상되었다.

□ 가. 자유연상

□ 나. 생체모방연상

□ 다. 유사연상

□ 라. 접근연상

□ 마. 반대연상

□ 바. 모방제작연상

9) 발렌타인 데이는 여자들에게는 낭만일지 몰라도, 남자들에게는 돈이 없어지는 날이다.

□ 가. 자유연상

□ 나. 생체모방연상

□ 다. 유사연상

□ 라. 접근연상

□ 마. 반대연상

□ 바. 모방제작연상

10) 현수교는 거미가 실을 토해 거미줄을 만드는 모습에 영감을 얻어 발명되었다.

□ 가. 자유연상

□ 나. 생체모방연상

□ 다. 유사연상

□ 라. 접근연상

□ 마. 반대연상

□ 바. 모방제작연상

11) 군인들은 적군에게 가짜 탱크를 보여주어 적들의 총알을 소모시킨다.

　　□ 가. 자유연상

　　□ 나. 생체모방연상

　　□ 다. 유사연상

　　□ 라. 접근연상

　　□ 마. 반대연상

　　□ 바. 모방제작연상

12) 컴퓨터가 바이러스에 감염된 현상을 보고, 바이러스를 컴퓨터 시스템을 파괴하는 무기로 만들어야겠다고 연상한다.

　　□ 가. 자유연상

　　□ 나. 생체모방연상

　　□ 다. 유사연상

　　□ 라. 접근연상

　　□ 마. 반대연상

　　□ 바. 모방제작연상

13) 육각형 모양의 벌집을 관찰한 뒤 벌집구조의 건축자재를 발명했다.

　　□ 가. 자유연상

　　□ 나. 생체모방연상

　　□ 다. 유사연상

　　□ 라. 접근연상

　　□ 마. 반대연상

　　□ 바. 모방제작연상

14) 개의 후각기관을 분석한 뒤 냄새에 더 민감한 인공후각장치를 발명했다.

□ 가. 자유연상

□ 나. 생체모방연상

□ 다. 유사연상

□ 라. 접근연상

□ 마. 반대연상

□ 바. 모방제작연상

15) 수영할 때 신는 오리발은 개구리 뒷다리의 물갈퀴에서 따온 것이다.

□ 가. 자유연상

□ 나. 생체모방연상

□ 다. 유사연상

□ 라. 접근연상

□ 마. 반대연상

□ 바. 모방제작연상

16) 아버지는 움직이는 저금통이다. 나는 언제든지 아버지에게서 돈을 받을 수 있다.

□ 가. 자유연상

□ 나. 생체모방연상

□ 다. 유사연상

□ 라. 접근연상

□ 마. 반대연상

□ 바. 모방제작연상

17) 헬리콥터는 잠자리의 모습과 비행방식에 영감을 얻어 발명되었다.

    □ 가. 자유연상

    □ 나. 생체모방연상

    □ 다. 유사연상

    □ 라. 접근연상

    □ 마. 반대연상

    □ 바. 모방제작연상

18) 농부들이 술을 이용하여 새로운 수박 품종 '술수박'을 개발해냈다.

    □ 가. 자유연상

    □ 나. 생체모방연상

    □ 다. 유사연상

    □ 라. 접근연상

    □ 마. 반대연상

    □ 바. 모방제작연상

19) 시장상인들이 삼각자를 본떠 좁은 공간에 삼각형 구조의 가게를 설계하였다.

    □ 가. 자유연상

    □ 나. 생체모방연상

    □ 다. 유사연상

    □ 라. 접근연상

    □ 마. 반대연상

    □ 바. 모방제작연상

20) 손에 닿지 않는 음식을 먹기 위해서 사람이 직접 움직이지 않고 식탁이 돌아가는 방식으로 발전했다.

　□ 가. 자유연상

　□ 나. 생체모방연상

　□ 다. 유사연상

　□ 라. 접근연상

　□ 마. 반대연상

　□ 바. 모방제작연상

21) 눈썹 문신은 몸 문신의 연장선 위에 있다.

　□ 가. 자유연상

　□ 나. 생체모방연상

　□ 다. 유사연상

　□ 라. 접근연상

　□ 마. 반대연상

　□ 바. 모방제작연상

22) 보안요원이 받는 훈련 중 갑작스러운 아찔함과 어지러움을 방지하기 위한 훈련은 발레의 회전동작에서 따온 것이다.

　□ 가. 자유연상

　□ 나. 생체모방연상

　□ 다. 유사연상

　□ 라. 접근연상

　□ 마. 반대연상

　□ 바. 모방제작연상

23) 예전에는 동물원에 가면 우리나 새장에 가둬놓은 동물들을 사람들이 돌아다니면서 구경했지만, 이제는 사람들이 차를 타고 다니면서 자유롭게 돌아다니는 동물들을 구경한다.

　□ 가. 자유연상

　□ 나. 생체모방연상

　□ 다. 유사연상

　□ 라. 접근연상

　□ 마. 반대연상

　□ 바. 모방제작연상

24) 이물질을 소의 담낭에 넣어 우황(담석)을 만들어내는 방법은 모래를 조개의 몸속에 넣어 진주를 만들어내는 방법에서 따왔다.

　□ 가. 자유연상

　□ 나. 생체모방연상

　□ 다. 유사연상

　□ 라. 접근연상

　□ 마. 반대연상

　□ 바. 모방제작연상

25) 동그란 모양의 수박을 개량해 네모난 모양의 수박을 만든다.

　□ 가. 자유연상

　□ 나. 생체모방연상

　□ 다. 유사연상

　□ 라. 접근연상

　□ 마. 반대연상

　□ 바. 모방제작연상

26) 수의사는 사람들의 이를 심어넣는 방법을 이용하여 어린 소의 입에 가짜 이빨을 심어 식욕과 우유 생산량을 늘린다.

□ 가. 자유연상

□ 나. 생체모방연상

□ 다. 유사연상

□ 라. 접근연상

□ 마. 반대연상

□ 바. 모방제작연상

27) 인디언들이 쓰는 언어를 가지고 새로운 암호를 만든다.

□ 가. 자유연상

□ 나. 생체모방연상

□ 다. 유사연상

□ 라. 접근연상

□ 마. 반대연상

□ 바. 모방제작연상

3 연상사고를 직접 해보자

여러분들의 풍부한 상상력을 이용해서 두 사물의 관계를 자연스럽게 만들어보세요.

예) 나무와 고무공 : 나무 → 들 → 축구장 → 고무공

01 하늘과 차(茶)

_____

02 전구와 흰 티셔츠

_____

03 테니스공과 자동차

_____

04 호랑이와 비

_____

05 초등학생과 태양

_____

06 과일과 교회

_____

4 상상력 연습

01 이것은 무엇일까요?

_____

_____

_____

_____

_____

02 친구란 무엇과도 같나요?

_____

_____

_____

_____

 제 11과 학습 포인트

✓ 연상은 멀리 떨어져 있는 곳을 이어주는 다리처럼 서로 다른 개념을 연결하여 새로운 생각을 만들어 내는 방법이다.

✓ 연상사고의 6가지 유형

① 자유연상

② 생체모방연상

③ 유사연상

④ 접근연상

⑤ 반대연상

⑥ 모방제작연상

12 성공사례 및 연습문제

신대륙을 발견하는 과정이 곧 창의력이다

1 상상을 뛰어넘은 마술사 데이비드 카퍼필드

데이비드 카퍼필드David Copperfield는 상상을 초월하는 창의력으로 불가능해보이는 일을 현실로 만든 이 시대의 가장 위대한 마술사예요. 그는 뉴욕의 자유의 여신상을 잠시 동안 사라지게도 했고, 중국 만리장성의 벽을 통과하기도 했으며, 나이아가라 폭포의 거센 물결 속에서 탈출하기도 했어요. 또 많은 사람들이 지켜보는 가운데 비행기를 사라지게 했답니다. 굉장하죠?

이런 그의 탁월한 마술은 그를 할리우드 스타로 만들었을 뿐만 아니라, 세계적인 마술사로 만들었어요. 프랑스 정부는 그에게 '예술과 문학 기사' 작위를 주었고, 그밖에 4개국에서는 그의 얼굴이 그려진 우표를 만들기도 했어요.

카퍼필드의 성공은 전통적 방식의 마술에 뛰어난 창의성을 덧붙여 마술을 하나의 종합예술로 끌어올린 데 있어요. 일반인의 상상을 뛰어넘는 기술, 굉장히 수준 높은 무대장치, 감동을 이끌어내는 연기는 항상 관객들의 환호성을 자아냈고 전 세계를 놀래켰지요. 그는 역사, 연극, 낭만, 유머, 신비 등의 요소와 뛰어난 음향과학 기술을 마술에 융합하여 관객들을 꿈과 환상의 세계로 이끌었답니다.

카퍼필드는 자신을 '예술 사기꾼'이라고 말해요. 비록 농담이긴 하지만, 우리들은 그의 능력이 매우 뛰어나다는 것을 인정하지 않을 수 없어요. 그리고 앞으로 그의 꿈은 '프로젝트 매직'을 통해 환자들에게 잃어버린 자신감을 찾아주고 기쁨을 주는 것이라고 해요. '프로젝트 매직'은 현재 30여 개의 나라의 1,000개가 넘는 병원에서 적극적으로 추진되고 있답니다. 이미 엄청난 명예와 부를 얻은 사람인데 대단하죠? 그밖에도 카퍼필드는 마술에 대한 모든 자료를 하나도 빠짐없이 후세에 남기고자 국제마술종합도서박물관(The International Museum and Library for the Conjuring Arts)을 만드는 등 마술을 위해 자신의 삶을 바치고 있어요.

01 카퍼필드의 직업은 무엇인가요?
  □ 가. 연기자
  □ 나. 마술사
  □ 다. 문화평론가
  □ 라. 개그맨

02 카퍼필드의 마술은 어떤 점에서 우리들의 상상력을 초월하나요?
  □ 가. 불가능한 일을 더 많이 만들었다.
  □ 나. 불가능한 일을 가짜로 만들었다.
  □ 다. 불가능한 일을 현실로 만들었다.
  □ 라. 불가능한 일을 꿈속의 세계로 만들었다.

03 카퍼필드가 미국 뉴욕에서 이룬 성공적인 마술은 무엇인가요?
  □ 가. 나이아가라 폭포를 뛰어넘었다.
  □ 나. 자유의 여신상을 잠시 동안 사라지게 했다.
  □ 다. 밧줄이나 촬영기교의 도움 없이 공중에서 날아다녔다.
  □ 라. 길이 85미터, 무게 70톤의 열차를 순식간에 없어지게 했다.

04 카퍼필드가 중국에서 이룬 성공적인 마술은 무엇인가요?

☐ 가. 공원을 사라지게 했다.

☐ 나. 신전을 사라지게 했다.

☐ 다. 자금성을 뛰어넘었다.

☐ 라. 만리장성을 통과했다.

05 프랑스에서 카퍼필드는 어떤 영예를 얻었나요?

☐ 가. 예술과 문학 기사 작위

☐ 나. 대통령 훈장

☐ 다. 문화관광부 장관상

☐ 라. 명예의 전당 헌액

06 그밖의 4개국에서는 카퍼필드의 얼굴을 어디에 실었나요?

☐ 가. 편지봉투

☐ 나. 우표

☐ 다. 편지지

☐ 라. 엽서

07 카퍼필드는 전통적 방식의 마술에 무엇을 덧붙였나요?

☐ 가. 뛰어난 문화

☐ 나. 뛰어난 과학기술

☐ 다. 뛰어난 예술

☐ 라. 뛰어난 창의성

08 카퍼필드는 마술을 어떤 단계에까지 올려놓았나요?

☐ 가. 꿈과 환상

☐ 나. 종합예술

☐ 다. 과학기술

☐ 라. 마법

09 카퍼필드는 어떤 요소를 마술과 융합했나요?

☐ 가. 역사, 연극, 사랑, 유머, 신비 등의 요소와 뛰어난 영상기술

☐ 나. 역사, 연극, 낭만, 유머, 신비 등의 요소와 뛰어난 음향과학기술

☐ 다. 노래, 연극, 사랑, 유머, 신비 등의 요소와 뛰어난 반도체기술

☐ 라. 역사, 연극, 낭만, 유머, 신비 등의 요소와 뛰어난 음향과학기술

10 카퍼필드는 자신을 어떻게 평가했나요?

☐ 가. 꿈 사기꾼

☐ 나. 마법 사기꾼

☐ 다. 마술 사기꾼

☐ 라. 예술 사기꾼

11 카퍼필드는 '프로젝트 매직'을 통해 환자들에게 무엇을 주고자 하나요?

☐ 가. 자부심과 재력을 되찾아 주고자 한다.

☐ 나. 자신감과 기쁨을 되찾아 주고자 한다.

☐ 다. 자만심과 학위를 되찾아 주고자 한다.

☐ 라. 스스로의 만족을 위해서 하는 것이다.

12 카퍼필드의 '프로젝트 매직'은 어느 곳에서 추진되고 있나요?

□ 가. 극장

□ 나. 교회

□ 다. 학교

□ 라. 병원

13 카퍼필드는 왜 '국제마술종합도서박물관'을 세웠나요?

□ 가. 마술을 이용해 돈을 벌려고

□ 나. 자신의 공적을 자랑하기 위해

□ 다. 마술에 대한 자료를 후세에 전하기 위해

□ 라. 마술 도구를 팔기 위해

14 여러분은 카퍼필드의 성공에서 무엇을 배웠나요?(정답을 모두 고르세요)

□ 가. 자유의 여신상을 사라지게 한다.

□ 나. 전통의 방법을 개선한다.

□ 다. 예술 사기꾼이 된다.

□ 라. 항상 새로운 것을 창조하여 세계를 놀라게 한다.

□ 마. 나만의 전공과 지식으로 다른 사람들을 도와준다.

□ 바. 자신의 분야에서 최고가 된다.

□ 사. 하고 싶은 일에 일생을 바친다.

□ 아. 기타 _____

2 창의 사고 놀이

밧줄은 물건을 묶는 것 외에 또 어떤 방식으로 쓰일 수 있을까요?(답은 많을수록 좋아요)

_____

_____

_____

_____

_____

_____

_____

3 창의 사고 이야기

한 남자아이가 배가 아파 의사를 찾아갔어요. 그러자 곧 의사는 그 남자아이의 배가 왜 아픈 건지 정확한 이유를 찾아내 치료했어요. 그리고 병이 완쾌된 남자아이는 무슨 일이 있었냐는 듯이 멀쩡해요. 왜 그럴까요?(주의 : 그 의사는 그 남자아이에게 어떤 수술을 했거나 약을 준 것이 아니에요)

_____

_____

_____

_____

_____

4 창의 사고 문제

여러분, 우선 원을 그려보세요. 만약 여러분이 원 안으로 들어가게 된다면, 여러분은 원 밖에 나가거나 접촉할 수 없어요. 대신 원 밖의 물건들은 가져올 수 있답니다. 어떻게 원을 그리면 가능할까요?

_____

_____

_____

_____

_____

_____

5 창의 사고 활동

2분 동안 자기소개를 해보세요. 춤, 몸짓, 노래, 말 등 다양한 방법을 이용해서 독특하고 재미있게 자기소개를 하는 거예요. 어떻게 하면 사람들에게 깊은 인상을 남길 수 있을까요?

13 | 창의 사고 방법 : 6) 강제연결법

상상력이 세계를 지배한다

– 나폴레온 힐

창의 사고 전문가들이 일반적으로 생각하는 '창의 사고'의 기본은 사물 간에 새로운 관계를 찾아내는 거예요. 우리도 노력만 하면 얼핏 보기에는 아무런 상관도 없어보이는 사물들을 새롭게 연결할 수 있답니다. 어떤 공통점도 없어보이는 관계일수록, 또 기존의 관념에서 벗어날수록 우리는 참신한 생각을 불러올 수 있어요. 어때요, 한번 해볼까요?

1 강제연결법(Forced Combinations)이란?

강제연결법은 이름 그대로 서로 아무런 관련이 없는 사물들을 강제로 연결하여 새로운 사물과 생각을 떠올리는 방법이에요. 예를 들면 막대기와 전구의 조합으로 야광방망이를 만들 수 있는 것처럼 말이에요. 강제연결법은 '브레인스토밍' 혹은 '연상사고법'과 같이 하면 더 효과적이랍니다.

CHAPTER 13

01 창의 사고의 기본은 사물 간의 무엇을 찾아내는 것인가요?

　□ 가. 새로운 틀

　□ 나. 새로운 관계

　□ 다. 새로운 인식

　□ 라. 새로운 연상

02 서로 관련이 없는 사물들을 연결지을 때 우리의 생각은 점점 어떻게 되나요?

　□ 가. 기존의 낡은 생각의 틀로 돌아간다.

　□ 나. 기존의 낡은 생각의 틀을 더 단단하게 한다.

　□ 다. 기존의 낡은 생각의 틀을 좁힌다.

　□ 라. 기존의 낡은 생각의 틀을 벗어난다.

03 서로 관련이 없는 사물을 연결할수록 어떤 효과가 나타나나요?

　□ 가. 새로운 생각이 떠오른다.

　□ 나. 전혀 효과가 없다.

　□ 다. 스트레스를 받는다.

　□ 라. 새로운 생각이 떠오르지 않는다.

04 강제연결법은 무엇인가요?

　□ 가. 서로 관련 있는 사물들을 따로따로 분리해 새로운 사물과 생각을 떠올리
　　　 는 방법

　□ 나. 서로 관련 없는 사물들을 따로따로 분리해 새로운 사물과 생각을 떠올리
　　　 는 방법

　□ 다. 서로 관련 없는 사물들을 강제로 연결하여 새로운 사물과 생각을 떠올리
　　　 는 방법

　□ 라. 서로 관련 있는 사물들만으로 새로운 사물과 생각을 떠올리는 방법

05 강제연결법은 어떤 창의 사고 방법과 같이 하면 좋나요?

　　□ 가. 속성열거법과 SCAMPER 기법

　　□ 나. 브레인스토밍과 연상사고법

　　□ 다. 브레인스토밍과 SCAMPER 기법

　　□ 라. 속성열거법과 연상사고법

2 강제연결법 이해하기

　사물의 모습과 기능은 모두 달라요. 뿐만 아니라 가치, 구조, 크기, 무게, 제작방식, 재료, 부품, 색깔 등도 천차만별이기 때문에 우리는 계속해서 많은 것을 새롭게 연결해낼 수 있어요. 강제연결법을 체계적으로 응용하기 위해서는 먼저 사물의 특성을 최대한 자세히 살펴본 뒤 사고의 목표와 어떤 관련이 있는지를 생각해요. 예를 들면 새로운 주택을 설계하려는 목표 하에 대자연을 연결대상으로 선택한다면 먼저, 대자연의 여러 가지 특성 ― 들판, 푸른 하늘, 푸른 바다 등 ― 을 떠올린 뒤 이러한 특성을 주택에 연결하여 공원, 파란색 벽지, 바다 장식 등을 만들어내는 거예요. 어때요, 이해가 되나요?

01 사물은 그 모습과 기능, 속성이 모두 다르기 때문에 새롭게 연결할 수 있는 가능성이 _____ .

　　□ 가. 희박하다.

　　□ 나. 10% 정도 된다.

　　□ 다. 굉장히 많다.

　　□ 라. 없다.

02 강제연결법을 체계적으로 응용하기 위해서는 어떻게 해야 하나요?

　　□ 가. 여러 사람들의 의견을 모아본다.

　　□ 나. 비슷한 사물이 있는지 찾아본다.

　　□ 다. 대체할 수 있는 것이 있는지 찾아본다.

□라. 사물의 특성을 이해하고 우리의 목표와 관계가 있는지를 생각한다.

03 다음 중 어느 항목이 여러분의 목표와 관계가 있나요?(정답을 모두 고르세요)

□가. 재료

□나. 기능

□다. 성분

□라. 모양

□마. 색깔

□바. 크기

□사. 두께

□아. 용도

□자. 무게

□차. 디자인

04 연필과 지우개를 연결하면 무엇이 되나요?

□가. 지우개연필

□나. 만년필

□다. 크레파스

□라. 볼펜

05 자동차와 대포를 연결하면 무엇이 되나요?

□가. 경운기

□나. 트럭

□다. 전차(탱크)

□라. 비행기

06 인삼과 샴푸를 연결하면 무엇이 되나요?

☐ 가. 바디클렌저

☐ 나. 인삼이 들어간 기능성 샴푸

☐ 다. 비누

☐ 라. 인삼드링크

07 홍차와 레몬을 연결하면 무엇이 되나요?

☐ 가. 커피

☐ 나. 이온음료

☐ 다. 물

☐ 라. 레몬홍차

08 교육학과 심리학을 연결하면 무엇이 되나요?

☐ 가. 체육교육학

☐ 나. 교육심리학

☐ 다. 컴퓨터공학

☐ 라. 가정학

09 서로 다른 금속이 결합하면 무엇이 되나요?

☐ 가. 고무

☐ 나. 합금

☐ 다. 금

☐ 라. 액체

10 비행기와 배를 결합하면 무엇이 되나요?

☐ 가. 우주선

☐ 나. 비행기

□다. 행글라이더 배

□라. 자동차

3 강제연결법을 직접 해보자

휴대폰을 강제연결의 대상으로 삼고, 휴대폰의 특성을 의자의 특성과 연결하여 새로운 의자를 떠올려봐요.

휴대폰의 여러 가지 특성	새로운 의자에 대한 구상
예 겉모양을 바꿀 수 있다	예 시트를 바꿀 수 있다

 제 13과 학습 포인트

✓ 강제연결법은 서로 아무런 관련이 없는 사물들을 강제로 연결하여 새로운 사물과 생각을 떠올리는 방법이다.

✓ 강제연결법을 체계적으로 응용하기 위해서는 먼저 사물의 특성을 자세히 살펴보고 그 사물이 내가 이루고자 하는 목표와 어떤 관계가 있는지를 생각한다.

성공사례 및 연습문제

1 중국의 전통음악을 새롭게 바꾼 '여자 12악방'

해외에서 중국을 대표하는 문화상품으로 꼽히는 '여자 12악방'은 중국 전통음악에 현대음악을 섞어 새로운 음악을 창조해낸 그룹이에요. 청순하고 아름다운 복장, 남다른 연주방법, 현대식 조명, 크고 아름다운 무대 및 열정적인 공연매너로 관중들에게 색다른 음악과 공연을

선사하고 있지요. 2001년, 평균연령이 24세도 되지 않는 13명의 아름다운 여성들이 모여 그룹을 만들었어요(한 명은 후보멤버예요). 그들은 중국 일류 음악대학을 졸업한 뒤, 독특한 중국전통악기와 희귀한 소수민족악기를 가지고 라틴, 재즈, 록, 현대 대중음악, 전통음악을 섞어 새로운 형식의 음악을 연주했어요. 게다가 그녀들의 음악은 아주 자유로워요. 일어서서 얼후(중국의 전통악기)나 비파를 켜기도 하고, 음악의 선율에 맞춰 몸을 흔들기도 해요. 그렇게 그들은 전통음악에 대한 사람들의 생각 – 엄숙하고 경건한 자세로 연주해야 한다 – 을 완전히 바꿨답니다.

'여자12악방'은 국내외에서 많은 신화를 창조했어요. 2003년 데뷔앨범은 일본에서 4개월 만에 2백만 장이 팔리면서 20주 이상 일본 오리콘차트 상위권에 머물렀는가 하면, 미국 데뷔앨범은 2004년 발매 1주일 만에 빌보드차트에 진입했다고 해요. 정말 대단하죠?

'여자 12인방'이 연주하는 이런 독특한 음악을 '신민악'이라고 합니다. 하지만 많은 음악 평론가들은 이 음악을 긍정적으로 보지 않는다고 해요. 이에 대해 '여자 12악방'의 재즈 제작자 왕시오징은 다음과 같이 말했어요.

"세계의 문화는 다양하게 발전하고 있어요. 그에 따라 문화를 표현하는 방식 역시 끊임없이 새롭게 나타나고 있고요. 그렇기 때문에 전통음악 표현방식을 단 한 가지로 고정할 필요는 없다고 생각합니다. 사람들은 모두 다른 취향을 가지고 있어요. 어떤 일이든 모두 그것을 좋아하는 사람이 있는가 하면 그것을 좋아하지 않는 사람이 있기 마련이에요. 자기가 마음에 들지 않는다고 해서 다른 종류의 건강한 표현방식을 부정해서는 안 되는 것이지요."

01 '여자 12악방'은 해외에서 어떤 비유를 받고 있나요?
  □ 가. 중국을 대표하는 문화상품 중 하나이다.
  □ 나. 중국을 대표하는 패션상품 중 하나이다.
  □ 다. 중국을 대표하는 음악학원 중 하나이다.
  □ 라. 중국을 대표하는 미인 중 하나이다.

02 '여자 12악방'은 중국의 전통음악을 무엇과 조합하였나요?(정답을 모두 고르세요)
  □ 가. 열정이 넘치는 공연
  □ 나. 남다른 연주방법
  □ 다. 컴퓨터 특수효과
  □ 라. 현대 대중음악
  □ 마. 청순하고 아름다운 복장
  □ 바. 사람을 놀라게 하는 마술의 세계
  □ 사. 끊임없이 변화하는 음악세계
  □ 아. 크고 아름다운 무대
  □ 자. 록음악
  □ 차. 현대식 조명

03 '여자 12악방'은 관객들에게 무엇을 선사하였나요?

　□ 가. 정열이 넘치는 전통음악

　□ 나. 재미난 판토마임

　□ 다. 그림자 인형극

　□ 라. 정열이 넘치는 연극무대

04 '여자 12악방'은 몇 명의 아름다운 여성들로 구성되어 있나요?

　□ 가. 10명

　□ 나. 11명

　□ 다. 12명

　□ 라. 13명

05 '여자 12악방'은 몇 년도에 만들어졌나요?

　□ 가. 2000년

　□ 나. 2001년

　□ 다. 2002년

　□ 라. 2003년

06 '여자 12악방'의 구성원들은 어느 대학을 졸업했나요?

　□ 가. 세계 각지의 유명 대학

　□ 나. 중국 일류 음악대학

　□ 다. 중국 군사대학

　□ 라. 중국 일반대학

07 '여자 12악방'은 어떤 악기로 연주를 하나요?

    □ 가. 서양현대악기 및 소수민족악기

    □ 나. 일본현대악기 및 소수민족악기

    □ 다. 중국전통악기 및 소수민족악기

    □ 라. 서양고전악기 및 소수민족악기

08 '여자 12악방'은 중국 전통음악에 어떤 색채를 넣었나요?

    □ 가. 라틴, 재즈, 록, 현대 대중음악

    □ 나. 재즈만을 연주했다.

    □ 다. 현대 음악만을 연주했다.

    □ 라. 중국 고유의 음악만을 연주했다.

09 중국의 전통음악 공연은 원래 어떤 식으로 진행되나요?

    □ 가. 자유분방하게 연주하고 춤을 춘다.

    □ 나. 빨리 연주하고 끝난다.

    □ 다. 24시간을 연주한다.

    □ 라. 엄숙하고 경건한 자세로 앉아서 연주한다.

10 '여자 12악방'은 전통음악 공연의 모습을 어떤 식으로 바꾸었나요?

    □ 가. 앉아서만 악기를 연주하고, 절대 일어서지 않는다.

    □ 나. 앉아서만 악기를 연주하고, 몸은 음악에 따라 흔든다.

    □ 다. 서서 악기를 연주하기도 하고 몸을 음악에 따라 흔들기도 한다.

    □ 라. 서서 악기를 연주하지만, 절대 움직이지 않는다.

11 ‘여자 12악방’이 성공할 수 있었던 가장 중요한 이유는 무엇인가요?

☐ 가. 패션감각

☐ 나. 창의성

☐ 다. 뛰어난 미모

☐ 라. 노래와 예술

12 ‘여자 12악방’이 새롭게 만들어낸 음악을 무엇이라고 하나요?

☐ 가. 신민악

☐ 나. 신중악

☐ 다. 신국악

☐ 라. 신음악

13 ‘여자 12악방’의 제작자 왕시오징은 이들의 음악을 어떻게 평가했나요?

☐ 가. 중국음악만이 세계 최고의 음악이다.

☐ 나. 서양음악에 비해 가치가 떨어진다.

☐ 다. 전통음악의 표현방식을 반드시 하나의 양식에 고정시켜야 한다.

☐ 라. 전통음악의 표현방식을 하나의 양식에 고정시킬 필요가 없다.

14 ‘여자 12악방’을 만든 왕시오징은 어떤 장르의 작곡가인가요?

☐ 가. 전통음악

☐ 나. 대중음악

☐ 다. 재즈

☐ 라. 록

15 여러분은 '여자 12악방'의 성공에서 무엇을 배웠나요?(정답을 모두 고르세요)

☐ 가. 자신의 이름을 빛낼 상표를 만든다.

☐ 나. 중국전통악기를 배운다.

☐ 다. 전통적인 방식을 과감히 벗어던진다.

☐ 라. 다른 사람들의 비판에 자신 있게 맞선다.

☐ 마. 끊임없이 새로운 것을 만들고 변화시킨다.

☐ 바. 중국 일류 음악대학에 입학한다.

☐ 사. 새로운 상품을 해외로 수출한다.

☐ 아. 기타 _____

2 창의 사고 놀이

여러분의 풍부한 상상력으로 첨단과학기지를 설계하고 묘사해보세요.

_____

_____

_____

_____

_____

_____

_____

_____

_____

_____

_____

3 창의 사고 이야기

어느 한 죄수가 탈옥했어요. 그 죄수는 죄수복을 그대로 입은 채 도망치다가 어느 큰 저택에 들어갔답니다. 그런데 이상하게도 저택에 있던 사람들로부터 열렬한 환영을 받았어요. 그가 왜 환영을 받았는지 이야기를 만들어보세요.

_____

_____

_____

_____

_____

_____

_____

_____

4 창의 사고 문제

어느 날 저녁, 단비가 방안에서 책을 보고 있는데 갑자기 정전이 됐어요. 하지만 단비는 계속해서 책을 보았답니다. 어떻게 가능했을까요? (주의 : 방안에는 빛을 내는 물질이 없어요)

_____

_____

_____

_____

_____

_____

_____

5 창의 사고 활동

여러분의 가족을 가장 잘 나타낼 수 있는 상징물을 설계해보세요.

15 │ 창의 사고 방법 : 7) 만다라트

자료를 분석하기만 해서는 새로운 생각을 떠올릴 수 없다

– 에드워드 드 보노

만다라트의 기원은 불교예요. 일본사람인 이마이즈미 히로시가 만들어, 지금은 훌륭한 창의 사고 기법 중 하나로서 활용되고 있지요. 만다라트의 구조는 사람의 대뇌신경세포의 분포모양인 그물망과도 같아요. 이곳저곳으로 확장하는 사고를 통해 끊임없이 창의적인 생각을 만들어 낼 수 있기 때문이에요. 이마이즈미 히로시는 그것을 '생활필기'로 여기고, 생활의 모든 일을 만다라트로 해결했답니다.

1 만다라트(Mandal−art)란?

만다라트는 우리의 사고를 확장해주는 창의기법이에요. 우선 9개의 칸으로 이루어진 네모를 그리고 정중앙의 칸에 주제를 쓴 다음, 그 주제로부터 떠오르는 여러가지 생각을 나머지 8개의 칸에 써넣어요. 그리고 계속해서 그 8개의 생각을 새로운 주제로 하여 또 다시 칸을 만들고 채워가요. 예를 들어 새로운 물컵을 만들려고 한다면 먼저 물컵을 네모의 중앙에 써넣고 주변의 칸에는 컵의 특성을 써넣어요. 그렇게 해서 9개의 칸을 다 채웠으면 또 다시 9개의 칸으로 이루어진 네모 8개를 만들어요. 그리고 조금 전에 적은 물컵의 여덟 가지 특성을 각각의 네모 중앙에 써넣은 뒤 계속해서 칸을 채워가면! 생각이 끊임없이 이어지면서 창의성이 발달한답니다.

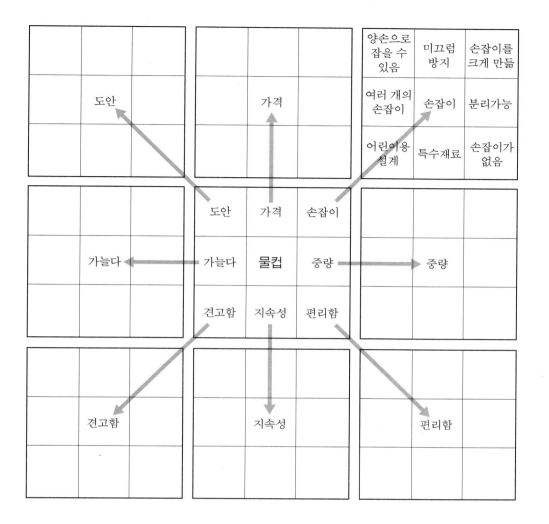

01 만다라트는 어느 종교에서 기원했나요?

　□ 가. 불교

　□ 나. 기독교

　□ 다. 천주교

　□ 라. 이슬람교

02 사람의 대뇌 신경세포는 어떤 모양으로 분포되어 있나요?

　□ 가. 평행선　　　　□ 나. 직선

　□ 다. 그물망　　　　□ 라. 가로줄

03 만다라트는 어떤 방식으로 창의 사고력을 발달시키나요?

□ 가. 집중식

□ 나. 확장식

□ 다. 단계식

□ 라. 점층식

04 이마이즈미 히로시는 만다라트를 무엇으로 여겼나요?

□ 가. 작업필기

□ 나. 학습필기

□ 다. 수업필기

□ 라. 생활필기

05 만다라트는 어떤 도형을 이용하나요?

□ 가. 7개 칸의 네모

□ 나. 8개 칸의 네모

□ 다. 9개 칸의 네모

□ 라. 10개 칸의 네모

06 만다라트를 활용할 때 고려해야 하는 주제는 어느 네모 칸에 써넣어야 하나요?

□ 가. 오른쪽 위

□ 나. 왼쪽 위

□ 다. 왼쪽 아래

□ 라. 중앙

07 만다라트를 활용할 때 주제로부터 나온 생각은 어디에 써넣어야 하나요?

　　□ 가. 위쪽 3개의 칸

　　□ 나. 주위 8개의 칸

　　□ 다. 아래 3개의 칸

　　□ 라. 왼쪽 3개의 칸

08 만약 여러분이 위의 물컵의 예를 따라서 총 9개 네모를 모두 채웠다면 여러분에 게는 몇 개의 생각이 있는 것일까요?

　　□ 가. 56개

　　□ 나. 60개

　　□ 다. 64개

　　□ 라. 68개

2 만다라트의 창조성

　연구에 따르면 대부분의 사람은 눈을 통해 정보를 얻고 대뇌에서 받아들이는 정보도 60% 이상이 시각에서 온다고 해요. 눈으로 보는 현상이 바로 머리의 형광막으로 비쳐질 수 있기 때문이에요. 만다라트는 그런 '시각적' 사고의 도구랍니다. 네모칸 안에 어떤 일을 써넣는 과정을 통해 바깥에서 일어나는 형상을 마술격자처럼 머릿속 형광막에 새겨넣을 수 있거든요. 그리고 생각이 이곳저곳으로 끊임없이 확산될 때 창의적인 생각이 나타나기 때문에 만다라트의 네모칸은 이전에 사용했던 직선식 사고방법 또는 필기식보다 더욱 좋은 효과를 얻을 수 있어요.

01 대뇌에서 받아들이는 정보 중 시각이 차지하는 비율은 몇 %인가요?

　　□ 가. 40%

　　□ 나. 50%

　　□ 다. 60%

　　□ 라. 70%

02 눈으로 본 현상은 어떻게 되나요?

☐ 가. 망막에만 비쳐진다.

☐ 나. 꿈에 나타난다.

☐ 다. 그냥 지워진다.

☐ 라. 머릿속 형광막에 비쳐진다.

03 어떤 종류의 사고방식이 창의적인 생각을 더 많이 불러일으키나요?

☐ 가. 직선식

☐ 나. 확산식

☐ 다. 곡선식

☐ 라. 횡선식

04 만다라트의 사용법은 어떻게 되나요?

☐ 가. 순서에 상관없이 네모칸만 채운다.

☐ 나. 위에서부터 차례로 일의 순서를 적는다.

☐ 다. 가운데 네모를 중심으로 일을 써넣어간다.

☐ 라. 자기 마음대로 순서를 정한다.

05 마술격자를 통해 사고하는 방법을 무엇이라고 하나요?

☐ 가. 청각적 사고

☐ 나. 감각적 사고

☐ 다. 촉각적 사고

☐ 라. 시각적 사고

3 만다라트를 직접 해보자

학교에서 열릴 새로운 음악회를 기획해보고 필요한 것들이 무엇이 있는지 찾아보세요.

 제 15과 학습 포인트

> ✓ 사람의 대뇌의 신경세포는 그물망형이다.
>
> ✓ 만다라트는 9개 칸이 그려지는 네모를 그린 뒤 주제를 중간에 써넣은 다음 주제로부터 연상되는 여러 가지 생각을 나머지 8개의 칸 안에 써 넣는다. 그리고 다시 9개의 칸이 있는 8개의 네모를 만들어 이전의 생각을 새로운 주제로 삼아 새로운 아이디어를 써넣는다.

성공사례 및 연습문제

세계에서 유일하게 변하지 않는 것은 '세상에서 변하지 않는 것은 없다' 는 것이다

1 세계적인 쿵푸스타 이소룡

이소룡(1940~1973)은 6,70년대의 쿵푸스타로 중국영화를 세계에 알린 배우예요. 그는 영화를 통해 중국무술문화를 세계에 알리고 많은 사람들이 무술에 취미를 갖도록 만들었어요. 결국 이소룡은 할리우드 스타가 되어 1996년 〈타임〉에서 선정한 '20세기 가장 영향력 있는 100인' 에 들기도 했어요.

이소룡은 절권도라는 새로운 무술을 만들어 무조건 모방만 하는 무술계의 폐단을 바꿔놓았답니다. 그의 무술인 절권도는 많은 무술들의 장점들을 받아들이고 철학사상까지 결합한 새로운 형식의 격투술이에요. 절권도는 상대방의 공격을 피하지 않고 가장 짧은 거리에서 빠른 속도로 상대방의 공격을 막는 무술이죠. 또한 기존의 고정적인 무술형식을 벗어나서 몸을 물처럼 자연스럽게 움직인답니다. 그렇기 때문에 절권도는 권법일 뿐만 아니라 하나의 사상으로서 사람들로 하여금 우주의 이치를 깨닫게 만들지요.

결국 이소룡은 무술에 대한 위대한 공헌으로 미국에서 영향력이 가장 큰 무술잡지 〈검은 띠〉의 〈명예의 전당〉에 헌액되었답니다.

이소룡의 무술과 그의 영화는 세계의 많은 사람들에게 큰 영향을 주었어요. 또

그의 독특하고 창의적인 무술 즉, 강렬한 눈빛, 활기찬 발걸음, 표범과도 같은 소리
와 코 쓸기 같은 동작은 사람들에게 큰 인상을 남겼지요. 그렇기 때문에 이소룡은
전통을 깨뜨리고 자신만의 독특한 모습을 갖춘 최고의 창의적인 영웅이라고 할 수
있어요.

01 이소룡은 몇 년 동안 살았나요?

◻ 가. 33년

◻ 나. 35년

◻ 다. 37년

◻ 라. 39년

02 이소룡은 중국영화를 세계에 알린 몇 번째 배우인가요?

◻ 가. 첫 번째

◻ 나. 두 번째

◻ 다. 세 번째

◻ 라. 네 번째

03 이소룡은 영화를 통해 무엇을 알렸나요?

◻ 가. 중국의 전자제품을 세계에 알렸다.

◻ 나. 중국의 예술을 아시아에 알렸다.

◻ 다. 중국의 무술과 문화를 세계에 알렸다.

◻ 라. 중국의 아름다움을 세계에 알렸다.

04 이소룡의 무술영화는 전 세계에 어떤 영향을 미쳤나요?

　　□ 가. 많은 사람들이 중국무술을 싫어하게 되었다.

　　□ 나. 많은 사람들이 중국무술에 강한 흥미를 느끼도록 하였다.

　　□ 다. 많은 사람들이 중국에 투자를 하게 만들었다.

　　□ 라. 많은 사람들이 중국관광에 강한 흥미를 느끼도록 하였다.

05 이소룡은 어느 곳에 알려졌나요?

　　□ 가. 유럽

　　□ 나. 중국

　　□ 다. 미국

　　□ 라. 전 세계

06 이소룡은 영화를 통해 미국에서 어떤 명예를 얻었나요?

　　□ 가. 할리우드 스타가 되었다.

　　□ 나. 영국의 스타가 되었다.

　　□ 다. 한국의 스타가 되었다.

　　□ 라. 일본의 스타가 되었다.

07 미국의 잡지 〈타임〉은 이소룡을 어떻게 평가했나요?

　　□ 가. 20세기 가장 영향력 있는 100인

　　□ 나. 20세기 가장 돈을 많이 번 100인

　　□ 다. 20세기 가장 옷을 잘 입는 50인

　　□ 라. 20세기 가장 현명한 70인

08 이소룡이 만든 새로운 무술은 무엇인가요?

☐ 가. 태권도

☐ 나. 공수도

☐ 다. 절권도

☐ 라. 합기도

09 이소룡은 무술계의 어떠한 폐단을 바꿨나요?

☐ 가. 많은 사람들에게 보급하는 것

☐ 나. 소수의 사람만이 독점하는 것

☐ 다. 자기만 소유하는 것

☐ 라. 무조건 모방하는 것

10 절권도의 특징은 무엇인가요?

☐ 가. 중국에서만 알려졌다.

☐ 나. 여러 가지 무술의 장점을 받아들였다.

☐ 다. 자기만의 무술을 고집했다.

☐ 라. 특징이 없다.

11 이소룡은 무엇을 절권도에 결합시켰나요?

☐ 가. 문학

☐ 나. 의학

☐ 다. 과학

☐ 라. 철학

12 절권도란 무엇인가요?

    □ 가. 가장 짧은 거리에서 빠른 속도로 상대방의 공격을 막는 것이다.

    □ 나. 가장 짧은 거리에서 막대기로 상대방의 공격을 막는 것이다.

    □ 다. 무시무시한 도구를 사용해서 상대방의 공격을 막는 것이다.

    □ 라. 무조건 도망치는 것이다.

13 절권도가 띄고 있는 모습은 무엇인가요?

    □ 가. 다양한 모습

    □ 나. 형태가 없고 자연스러운 모습

    □ 다. 경직된 모습

    □ 라. 형태가 있고 복잡한 모습

14 절권도는 무엇 때문에 하나의 사상이 되기도 하나요?

    □ 가. 연습을 통해 무술의 1인자가 된다.

    □ 나. 연습을 통해 상대방을 짓밟는다.

    □ 다. 연습을 통해 나의 존재를 부각한다.

    □ 라. 연습을 통해 우주의 이치를 깨닫는다.

15 세계적으로 영향력 있는 미국의 무술잡지 〈검은 띠〉는 이소룡의 공로를 어떻게 기념했나요?

    □ 가. 세계 음악계의 명예의 전당에 헌액했다.

    □ 나. 세계 무용계의 명예의 전당에 헌액했다.

    □ 다. 세계 무술계의 명예의 전당에 헌액했다.

    □ 라. 세계 영화계의 명예의 전당에 헌액했다.

16 다음 중 이소룡의 독창적인 무술의 특징은 무엇인가요?(정답을 모두 고르세요)

☐ 가. 크게 울부짖는다.

☐ 나. 빠른 속도

☐ 다. 강렬한 눈빛

☐ 라. 활기찬 발놀림

☐ 마. 코 쓸기

☐ 바. 표범 소리

☐ 사. 산과 같은 웅장한 형태

☐ 아. 귀 스치기

17 여러분은 이소룡의 성공에서 무엇을 배웠나요?(정답을 모두 고르세요)

☐ 가. 무술 1인자가 되겠다.

☐ 나. 절권도를 배우겠다.

☐ 다. 공부를 열심히 하겠다.

☐ 라. 전통적인 틀을 깨겠다.

☐ 마. 철학을 배우겠다.

☐ 바. 창의적인 생각을 나만의 것으로 만들겠다.

☐ 사. 여러 가지 학문을 결합해서 새로운 학문을 만들겠다.

☐ 아. 기타 _____

2 창의 사고 놀이

그릇은 음식을 담는 것 이외에 어떤 용도로 쓸 수 있나요?

_____

_____

_____

_____

3 창의 사고 이야기

한 남자가 집에서 총을 쏴서 자살했어요. 하지만 얼마 지나지 않아 어떤 여자가 죽인 것이라는 신고가 들어왔어요. 어떤 과정이 있었을지 이야기를 만들어보세요.

_____

_____

_____

_____

_____

_____

_____

4 창의 사고 문제

다른 사람은 앉을 수 있지만 나는 앉을 수 없는 곳은 어디인가요?

_____

_____

_____

_____

_____

_____

5 창의 사고 활동

이쑤시개를 사용해서 큰 종이에 여러 가지 그림을 그려보세요.

사람들마다 생각이 다를 수 있어요. 어떤 답이 절대적으로 옳다고 말할 수 없기 때문에 여기에 있는 답은 참고답안일 뿐이지 정답이 아니랍니다. 그리고 혹시 답이 나와 있지 않은 문제는 여러분이 자유롭게 생각하면 됩니다.

제1과

1

01 ㉣ 02 ㉯ 03 ㉯ 04 ㉰ 05 ㉮ 06 ㉯ 07 ㉣ 08 ㉯ 09 ㉯ 10 ㉮

11 ㉰ 12 - 13 ㉮, ㉰, ㉲, ㉴

2

01 ㉮ 02 모두 정답 03 모두 정답

제2과

1

01 ㉯ 02 ㉰ 03 ㉯ 04 ㉮, ㉯, ㉰, ㉣ 05 ㉣ 06 ㉰ 07 ㉯ 08 ㉰ 09 ㉮

10 ㉰ 11 ㉯, ㉣, ㉳, ㉴

2

구멍을 막는다, 강아지의 마스크로 쓴다, 손 소매로 만든다, 음식을 포장한다, 탁자에 깐다, 머리에 모자처럼 쓴다, 냅킨으로 쓴다, 구조 요청을 한다, 수건돌리기 놀이를 한다, 옷에 덧대서 꿰맨다, 깃발로 쓴다, 장식물로 쓴다, 상처를 싸맨다.

3

그 남자는 나이가 많이 든 생물학자이다, 그의 유일한 희망은 멸종한 새를 찾는 것이다, 그가 창 밖에서 본 새는 굉장히 희귀한 새이다, 결국 그는 자신의 희망이 이루어졌다는 생각에 후회 없이 세상을 떠난다.

4

0.1

제3과

2

01 ㉣ 02 ㉡ 03 ㉮ 04 ㉣ 05 ㉢ 06 ㉮ 07 ㉣ 08 ㉡ 09 ㉮ 10 ㉢

11 ㉡, ㉢, ㉣ 12 ㉣ 13 ㉮ 14 ㉢ 15 ㉡ 16 ㉣ 17 ㉮ 18 ㉣ 19 ㉡

20 ㉣

3

패션모델대회, 퀴즈대회, 영화감상, 극기훈련, 코미디, 학생예술작품전, 맛있는 음식 준비, 요리대회, 동창생모임, 농구대회, 춤추기, 경품추첨, 사람들을 모시고 오는 전용차, 선생님들의 분장, 텔레비전 시청, 무료 음악회, 무료 오락실

제4과

1

01 ㉢ 02 ㉮ 03 ㉢ 04 ㉣ 05 ㉮ 06 ㉢ 07 ㉣ 08 ㉢ 09 ㉡ 10 ㉮

11 ㉢ 12 ㉢ 13 ㉮, ㉣, ㉲

2

감동적이다, 매력적이다, 고상하다, 아름답다, 고귀하다, 세련되다, 비범하다, 몸매가 좋다, 매력이 있다, 자신감 있다, 우아하다, 뛰어나게 아름답다……

3

쥐에게 먹이를 주니 쥐가 재미있는 동작을 선보였다. 그는 쥐의 모습을 따 쥐가 나오는 만화영화를 만들었으며 결국 그는 부자가 되었다.

4

(19 − 9 = 10)

제5과

1

02 1) ㉮ 2) ㉢ 3) ㉢ 4) ㉮ 5) ㉡ 6) ㉮ 7) ㉢ 8) ㉢ 9) ㉡ 10) ㉮

11) ㉢ 12) ㉡ 13) ㉡ 14) ㉮ 15) ㉮ 16) ㉢ 17) ㉡ 18) ㉡ 19) ㉮

20) ㉢ 21) ㉡ 22) ㉮ 23) ㉮

2

02 1) ㉯ 2) ㉣ 3) ㉮ 4) ㉣ 5) ㉯ 6) ㉰

3

몽상가 : 사무실이나 학교가 필요 없다, 학교에는 국경선이 없다, 로봇이 선생님이 된
다, 숙제를 할 필요가 없다, 듣고 싶은 과목을 선택한다, 머릿속에서 생각한
문제를 컴퓨터에 자동으로 저장하고 다른 친구들과 토론한다, 교칙이 없다,
서로 다른 나라에서 온 학생들이 동시통역기를 이용해서 대화를 한다, 오락
기와 만화영화를 통해 공부한다, 집에서 공부한다.

실천가 : 컴퓨터를 잘 다룰 수 있는 훈련을 받아야 한다, 학생들이 공부하는 모습을
지켜본다, 컴퓨터 기술을 지원한다, 학부모와 의견조정을 해야 한다, 학교
및 교실의 용도를 바꾼다, 동시번역기술을 개발한다, 학습 분위기를 조성
한다.

비평가 : 선생님들이 직장을 잃는다, 학교가 텅텅 빈다, 로봇들이 반란을 일으킨다,
많은 돈이 필요하다, 공부할 내용이 너무 많다, 학생들의 자제력을 믿을 수
없다, 학생들의 사교성이 떨어진다, 단체 활동이 없다, 문화가 너무 달라 하
나의 교재를 쓸 수 없다, 학생들이 놀기만 한다, 로봇은 학생들에게 감정과
관심을 전달할 수 없다.

제6과

1

01 ㉯ 02 ㉯ 03 ㉮ 04 ㉣ 05 ㉮ 06 ㉣ 07 ㉯ 08 ㉯ 09 ㉣

10 ㉯, ㉣, ㉺

2

음식물은 소금을 쳐서 보관한다, 저녁에는 촛불로 실내를 밝힌다, 길가에 가로등이
없다, 텔레비전이 없다, 손으로 편지를 쓴다, 컴퓨터로 일하거나 오락을 즐길 수 없
다, 부채로 더위를 이긴다.

3

타잔을 따라해 긴 밧줄로 나무 사이를 넘나들다가 실수로 떨어져서 죽었다.

4

모서리마다 두 개의 동전을 겹쳐놓는다.

제7과

1

01 ⓝ　02 ⓡ　03 ㉮　04 ⓡ　05 ⓝ　06 ⓓ　07 ⓡ

2

01 ⓝ　02 ⓜ　03 ⓡ　04 ⓓ　05 ⓝ　06 ㉮　07 ⓡ　08 ㉮　09 ⓜ　10 ⓢ

11 ⓝ　12 ⓡ　13 ⓜ　14 ⓡ　15 ㉮　16 ⓑ　17 ⓝ　18 ㉮　19 ⓓ　20 ⓑ

21 ⓡ　22 ⓝ　23 ⓜ　24 ㉮

3

장난감 캠핑카 설계

S　건전지를 태양열전지로 바꾼다, 플라스틱 바퀴를 고무 바퀴로 바꾼다, 차유리를 플라스틱으로 바꾼다.

C　라디오를 설치한다, 공구상자를 설치한다, 캠핑카에 서재를 설치한다.

A　고속모터를 설치한다, 태엽모터를 설치한다, 물에서도 뜰 수 있는 캠핑카로 만든다.

M　바퀴를 크게 만든다, 캠핑카의 색을 바꾼다, 캠핑카를 네모난 모양으로 바꾼다.

P　장남감이 아닌 장식용으로 바꾼다, 장난감 캠핑카로 비뚤어진 책장의 밑을 채운다.

E　문을 하나로 줄인다, 캠핑카의 크기를 줄인다, 창문을 없앤다.

R　차의 앞뒤 바퀴를 바꾼다, 본체를 분해해서 다른 차로 만든다.

제8과

1

01 ㉣ 02 ㉮ 03 ㉢ 04 ㉮ 05 ㉢ 06 ㉯ 07 ㉢ 08 ㉮ 09 ㉣ 10 ㉢

11 ㉯ 12 ㉣ 13 ㉣ 14 ㉣, ㉢, ㉰, ㉱

2

햇빛에 말린다, 강력한 전구로 말린다, 스폰지로 물을 흡수한다, 진공청소기로 물을 빨아들인다, 빨대로 물을 마신다, 수건을 이용해서 물을 빨아들인다, 드라이기로 말린다, 개구리가 물을 마시게 한다, 컵을 달에 옮긴다, 전기로 물을 분해한다, 선풍기로 물을 말린다.

3

그 남자는 조직폭력배를 추적하는 비밀요원이다. 직속 상사 이외에 그의 신분을 아는 사람은 없다. 조직폭력배를 체포하는 날, 그의 암호는 농구를 계속함으로써 신분을 알리는 것이었다.

4

형은 12월 31일 밤 12시 전에 태어났고, 동생은 밤 12시 후에 태어났다. 즉 다음 해의 1월 1일에 태어났다.

제9과

1

04 1) ㉢   2) ㉣   3) ㉮   4) ㉯   5) ㉯

2

01 ㉢ 02 ㉣ 03 ㉱ 04 ㉢ 05 ㉯ 06 ㉢ 07 ㉯ 08 ㉢ 09 ㉢

3

속성	속성변화(어떻게 바꿀까?)	속성	속성변화(어떻게 바꿀까?)
색깔	남색, 녹색, 붉은색, 혼합…	서랍	수직, 횡, 대…
재료	플라스틱, 고무, 강철, 나무, 알루미늄…	상판	매끄럽다, 속이 빔…
크기	대, 중, 소	측면	꽃무늬, 연결…
모양	사각형, 원형, 타원형	뒷면	비어서는 안 됨, 합성수지…

디자인	우아, 고전, 낭만…	책상다리	다리가 없음, 높은 다리, 낮은 다리, 다리 세 개…
제작방법	수제작, 기계제작, 분무용래커…	스탠드	어둡다, 적절, 혼합, 점차 변한다
가격	싸다, 적절하다, 비싸다…	무게	가볍다, 너무 무겁다…
용도	컴퓨터를 한다, 복습, 책꽂이, CD장…	대상	아동, 소년, 성인, 노인…

제10과

1

01 ㉣   **02** ㉡   **03** ㉢   **04** ㉡   **05** ㉣   **06** ㉣   **07** ㉢   **08** ㉮   **09** ㉡   **10** ㉣

11 ㉢   **12** ㉡   **13** ㉣   **14** ㉣   **15** ㉮   **16** ㉢   **17** ㉮   **18** ㉢   **19** ㉣

20 ㉮, ㉡, ㉢, ㉺

2

엘리베이터를 탄다, 에스컬레이터를 탄다, 계단으로 걸어 내려온다, 낙하산을 탄다, 미끄럼 탄다, 열기구를 탄다, 헬리콥터를 탄다, 구명 밧줄을 이용한다, 도르래와 밧줄을 이용한다, 큰 공에 들어간 다음 굴러 내려온다, 사다리를 이용한다.

3

사냥꾼의 총소리가 사나운 맹수들을 놀라게 해 사방에서 나타난 맹수들이 그를 잡아 먹었다.

4

먼저 흰 종이에 쓰고 싶은 글자의 테두리를 그리고 난 뒤, 테두리 밖의 종이에 검은 색을 칠한다.

제11과

1

01 모두 정답   **02** ㉢

2

02 1) ㉢   2) ㉺   3) ㉡   4) ㉡   5) ㉮   6) ㉢   7) ㉡, ㉺   8) ㉢   9) ㉣

10) ㉺   11) ㉢   12) ㉣   13) ㉡, ㉺   14) ㉡   15) ㉺   16) ㉮   17) ㉡   18) ㉮

19) ㉯ 20) ㉮ 21) ㉯ 22) ㉯ 23) ㉮ 24) ㉯ 25) ㉮ 26) ㉯ 27) ㉯

3

01 하늘 → 땅 → 물 → 목마름 → 차   **02** 전구 → 태양 → 빛 → 흰 티셔츠

03 테니스공 → 동그라미 → 차바퀴 → 자동차   **04** 호랑이 → 열대우림 → 비

05 초등학생 → 등교 → 태양   **06** 과일 → 아담과 이브 → 하나님 → 교회

4

01 금자탑, 삼각자, 높은 산, 산수화, 루브르박물관 피라미드, 뾰족한 이빨, 톱, 파도, 고양이 발, 산길

02 책 — 지혜로 가득 차 있다 / 개미 — 함께 일한다 / 증기기관차 — 연료를 끊임없이 공급한다 / 손가락 — 서로 다른 기능이 있다 / 물 — 차갑기는 얼음과도 같다, 수증기처럼 열정적이다 / 족구 — 같이 논다 / 옷 — 때때로 갈아입을 수 있다 / 벚꽃 — 짧은 시간 동안에만 피나 아름답다 / 공구상자 — 여러 가지 용도가 있음 / 그림자 — 그림자처럼 따라다닌다 / 장미 — 가시가 있어 찔릴 수 있다 / 한약 — 좋은 약은 입에 쓰다

제12과

1

01 ㉯ **02** ㉯ **03** ㉯ **04** ㉱ **05** ㉮ **06** ㉯ **07** ㉱ **08** ㉯ **09** ㉯ **10** ㉱
11 ㉯ **12** ㉱ **13** ㉯ **14** ㉯, ㉱, ㉮, ㉰, ㉲

2

줄다리기, 줄넘기, 개의 목줄, 무거운 물건 들기, 채찍, 허리띠, 2인 3각 놀이, 물건 옮기기, 단단한 띠, 빨랫줄

3

그 남자아이는 엄마 몰래 반지를 삼켰다. 그리고 의사는 엑스레이를 통해 아이가 아픈 원인을 밝혔다.

4

원을 허리띠처럼 허리에 그린다.

제13과

1

01 ㉯   02 ㉰   03 ㉮   04 ㉱   05 ㉯

2

01 ㉱   02 ㉰   03 모두 정답   04 ㉮   05 ㉱   06 ㉯   07 ㉰   08 ㉯   09 ㉯

10 ㉱

3

새로운 의자를 설계한다

휴대폰의 여러 가지 특성	새로운 의자에 대한 구상
모습을 바꿀 수 있다.	의자의 시트를 바꿀 수 있다.
접을 수 있다 (폴더형 휴대폰).	접어서 보관할 수 있다.
여러 가지 설비들을 분해 또는 조합해 사용 가능	여러 가지 부속품들은 분해 또는 조합해 사용 가능
음악을 들을 수 있다.	Hi – Fi기능 결합
다른 휴대폰과도 조화를 이룬다.	다른 형태의 의자와도 조화를 이룬다.
경보 소리가 난다.	음악이 나온다.
고급 핸드폰	고급 의자
많이 쓰면 뜨거워진다.	추울 때 열을 낸다.
계산기로도 쓰인다.	앉으면 몸무게도 잴 수 있다.
쓴 사람을 기록한다.	의자를 사용한 사람을 기록한다.
전자시계로도 쓰인다.	시계기능을 추가한다.
책을 볼 수 있다.	의자 옆에 책장을 설치한다.
올리고 내린다 (슬라이드형 휴대폰).	의자를 높이고 내릴 수 있다.
핸드폰 줄을 달 수 있다.	여러 가지 장식품을 달 수 있다.

제14과

1

01 ㉮　02 ㉮, ㉯, ㉰, ㉱, ㉲, ㉳　03 ㉮　04 ㉰　05 ㉯　06 ㉯　07 ㉱　08 ㉮
09 ㉰　10 ㉱　11 ㉯　12 ㉮　13 ㉰　14 ㉱　15 ㉮, ㉱, ㉰, ㉱, ㉲

2

조명자동제어시스템, 천장에 설치된 영상기기, 음성제어 장치, 태양열의 세기에 따라 유리의 명암이 바뀌는 장치, 벌레제거 장치, 지식을 자동으로 사람의 뇌에 전달하는 독해시스템, 정원용 자동 분수시스템, 컴퓨터를 이용한 가격비교, 사람 대뇌에 직접 이식하는 독해시스템, 레이저 도난방지시스템, 음성 인식, 컴퓨터를 이용한 관광 시뮬레이션.

3

저택에서는 가면파티를 하고 있었다. 사람들은 그 죄수를 손님으로 알았기 때문에 손뼉을 치며 환영했다.

4

단비는 눈이 멀었기 때문에 점자책을 읽고 있었다.

제15과

1

01 ㉮　02 ㉱　03 ㉯　04 ㉰　05 ㉱　06 ㉰　07 ㉯　08 ㉱

2

01 ㉱　02 ㉰　03 ㉯　04 ㉱　05 ㉰

제16과

1

01 ㉮　02 ㉮　03 ㉱　04 ㉯　05 ㉰　06 ㉱　07 ㉮　08 ㉱　09 ㉰　10 ㉯
11 ㉰　12 ㉮　13 ㉯　14 ㉰　15 ㉱　16 ㉱, ㉰, ㉱, ㉲　17 ㉱, ㉰, ㉲, ㉳

2

무기, 모자, 헬멧, 총자루, 항아리, 장식품, 서커스, 무릎보호대, 귀마개, 귀공자 머리, 쿵푸 연습, 눈가리개

3

그 여인은 독극물을 이용해서 남자를 죽였다. 죽어가는 그 남자는 고통을 없애기 위해 총으로 자신을 쐈다. 그 남자가 총으로 자신을 쏘지 않아도 결국 그는 죽게 되는 것이었다. 그렇기 때문에 그 여자가 남자를 죽인 것이 된다.

4

자신의 두 다리로 다른 사람이 걸터앉을 수 있는 의자를 만든다.

지은이

리앙즈웬(梁志援)

저자는 홍콩 이공대학과 마카오 동아대학(마카오대학)에서 경영관리 학사학위, 마케팅 학사학위와 석사학위를 받았으며, 아동 사고(思考) 훈련 및 컴퓨터 교육 분야에서 많은 현장 경험을 가지고 있다. 현재 홍콩 컴퓨터학회, 영국 특허마케팅학회, 홍콩 컴퓨터교육학회와 홍콩 인터넷교육학회 회원으로 활동하고 있다. 또한 컴퓨터 과학기술, 심리학, 신경언어학(NLP)을 통해 아동과 청소년 양성에 주력해왔다. 그는 또한 사고방법, 교수법, 잠재의식 운영, 심리학 등의 관련 학문을 공부했다.

홈페이지 www.youngthinker.net

옮긴이

이종순

1958년 중국에서 태어나 북경 중앙민족대학에서 조선어문학을 전공했다. 한국으로 건너와 고려대학교 대학원에서 문학석사, 서울대학교 대학원에서 교육학 박사학위를 받았다. 중국에서는 목단강시위당교(牡丹江市委黨校) 조교수로 근무했고, 한국에서는 한국어와 한국문학교육을 공부하면서 서울대학교, 이화여자대학교, 경기대학교 등에서 중국어를 강의했다. 2003년 이후 한국관광대학 관광중국어과 교수로 재직 중이다. 저서로는《별나라 사람 무얼 먹고 사나》(고구려 출판사, 1997),《알짜&짤막 중국어회화》(다락원, 2004),《중국 조선족 문학과 문학교육 연구》(신성출판사, 2005) 등이 있으며, 번역서로는《지혜동화》(예림당, 1995) 등이 있다.

한언의 사명선언문

Our Mission

一. 우리는 새로운 지식을 창출, 전파하여 전 인류가 이를 공유케 함으로써
  인류문화의 발전과 행복에 이바지한다.

一. 우리는 끊임없이 학습하는 조직으로서 자신과 조직의 발전을 위해
  쉼없이 노력하며, 궁극적으로는 세계적 컨텐츠 그룹을 지향한다.

一. 우리는 정신적, 물질적으로 최고 수준의 복지를 실현하기 위해 노력하며,
  명실공히 초일류 사원들의 집합체로서 부끄럼없이 행동한다.

Our Vision   한언은 컨텐츠 기업의 선도적 성공모델이 된다.

저희 한언인들은 위와 같은 사명을 항상 가슴 속에 간직하고
좋은 책을 만들기 위해 최선을 다하고 있습니다.
독자 여러분의 아낌없는 충고와 격려를 부탁드립니다.

- 한언가족 -

HanEon′s Mission statement

Our Mission

一. We create and broadcast new knowledge for the advancement and happiness of the
  whole human race.

一. We do our best to improve ourselves and the organization, with the ultimate goal of
  striving to be the best content group in the world.

一. We try to realize the highest quality of welfare system in both mental and physical
  ways and we behave in a manner that reflects our mission as proud members of
  HanEon Community.

Our Vision   HanEon will be the leading Success Model of the content group.